サンクトペテルブルグ
MOCKBA
BERLIN
TOKYO
ROMA
ラクフ
ブダペスト
ラエボ
ゥブロフニク
アトス山
アテネ
クレタ島
テルアビブ
ヤッフォ

ズィルト島
ハンブルグ
ベルリン
ライプチヒ
ドレスデン
プラハ
バーデン・バーデン
ミュンヘン
リンツ
ロタッハ・エガン
ガルダ湖
ルブリャナ
ザグレブ
フェラーラ
リスボン
エルバ島
オルヴィエート
コルドバ
セビリア
カプア
カセルタ
ナポリ
グラナダ
オストゥーニ
コルフ島

寄り道しなきゃ
わからない
ヨーロッパ

絵と文 熊谷徹
Tôru Kumagai

新潮社

寄り道しなきゃわからないヨーロッパ

目次

イタリアにぞっこん！

旧ユーゴで道草を食ってみる

自家製特派員のドイツ探訪

胸にぐっとくるイベリア半島

ロシアって大変な国だ！

中欧でタイムマシーンに乗ろう

寄り道するならギリシャです

さらに寄り道・番外編

まえがき

ドイツ・ミュンヘン市で働き始めたのが、一九九〇年。ヨーロッパに住むと、旅行のしかたも変わってくる。日本からヨーロッパを訪れる観光客のほとんどは、七日間に七つの都市をバスや飛行機でかけめぐるような、めまぐるしいツアーに参加している。短い期間にヨーロッパを手軽に見るには、そうした旅行も手っ取り早いかもしれない。また日本人の添乗員さんが案内してくれるパック旅行は、自分で地図を見てホテルやレストランを探したり、外国語で話したりする必要がないので、楽である。

だが私と妻は、ヨーロッパに住み始めてから、自分で車を運転して目的地まで行き、一つの場所に一週間から二週間じっくり腰を落ち着ける、定点観測型の旅行をしばしばするようになった。その場所を拠点にして、あちこちに寄り道をする。われわれは日常生活の中で、つねに時間や締め切りに追いまくられているのだから、休暇の時くらいは、時間に追われないで、道草を食ってみたい。

私は昔から、「ヨーロッパで道草を食うような旅行をしてみたい」という願いを抱いていた。海外特派員というと聞こえは良いが、出張でロンドンへ行っても、支局と記者会見場とホテルの間を往復するだけで、街の印象はほとんど残らない。仕事だからしかたがないと言えばそれまでだが、欲張りの私は日本人がほとんど行かないような場所へ行き、自分のペースで旅行をしてみたかった。特に「自分のペースで」というのが大事なのである。高い費用を払ってヨーロッパに住む意味の一つは、「一日の時間の内、自分で支配する時間を増やす」ということにあったからである。

実際、寄り道旅行はいろいろなことを教えてくれた。たとえば、ミュンヘンからイタリアの南の端まで行くのに、飛行機を使わないで、あえて車を運転し、途中で寄り道もしながら、何日もかけて行ってみる。風景や史跡、建築様式、食生活、経済状態、人々の気質などが、地域によって変化していくことに気がつく。長時間車に揺られ、車や荷物が盗まれる危険をおかすだけの価値はある。ひとくちにヨーロッパといっても、文化や国民性がいかに多様性に富んでいるかが、はっきり見えてくる。ヨーロッパを理解する上で、この狭い地域に異なる伝統を持つ様々な民族がひしめきあっていることを、肌で感じることは、きわめて重要である。英国だけ、ドイツだけに住んでいても、とてもヨーロッパ全体を理解することはできない。

ヨーロッパには、こうして寄り道をしないと見えてこない風景や、聞えてこない物語やエピソードがたくさんある。この本は、私の十三年間におよぶヨーロッパでの寄り道体験をまとめたもので、その意味では前著『住まなきゃわからないドイツ』の続編とみなすこともできる。

ワーキング・ホリデーという形で外国に滞在する日本人も増えてきたようだが、わが祖国日本を客観的な目で眺めるためにも、寄り道旅行をする人がどんどん増えてほしいと願っている。

なおこの本に掲載したエッセーの中には、保険毎日新聞に掲載した物を大幅に加筆・修正したものも含まれている。イラストはすべて描き下ろしである。この本はアイデアを生んでくれた妻の直子、東京に住む母、九六年に他界した父に捧げるものである。また出版に向けて尽力して下さった新潮社の中島輝尚氏、木村由花氏にも、心からお礼を申し上げたい。

二〇〇三年四月　ミュンヘンにて

装画　熊谷　徹
装幀　新潮社装幀室

寄り道しなきゃわからないヨーロッパ

イタリアにぞっこん！

イタリアへ帰る――カスティリオンチェロ

ドイツに住み始めて、十三年になる。ドイツ企業で働き、変化と摩擦の多い社会で生きることは刺激に富み、面白いのだが、疲れる時がないと言えば、うそになる。そんな時、私は車をイタリアへ向ける。オーストリアを抜け、アルプスの白銀の頂きを車窓に見ながら、ブレンナー峠を越える。ミュンヘンからわずか三時間のドライブで、イタリアの国境に着いてしまう。我が家からはベルリンよりもイタリアの方が近いのだ。イタリアに入った途端に、高速道路が貧相になる。ガードレールはこげ茶色で錆《さび》付いたように見えるし、道幅が狭く、路面もデコボコだ。でもそんなことは、全然気にならない。山岳地帯を抜けて、一路南に車を走らせていると、「ああイタリアへ帰ってきた」という、感傷にも似た気持ちで胸が一杯になることがある。

ガルダ湖とヴェローナの間では、ベージュ色の険しい岩山が、高速道路の両側に、屏風《びょうぶ》のように連なっている。この谷間に車がさしかかると、イタリアに通じる楼門をくぐっているような気がして、心がうきうきしてくる。そのイタリアで私はどこへ行くのか。ローマ、ミラノ、フィレンツェ、ベニスも素晴らしいが、観光客の多さと、いわゆる名所の世俗的な雰囲気に辟易したという方もおられるのではないか。私は知人の結婚式や特定の美術館など、目的がある時以外は、大都市を避けることにしている。ドイツ暮らしで心に積もった塵や芥を洗い流すためには、イタリアの小都市の方が適しているのだ。その内のいくつかをご紹介しよう。

イタリア人でも、バダという町を知っている人は、あまりいない。斜塔で知られるピサの南五十キロほどの所にある、海沿いの町である。ある時、車でバダに到着はしたが、あまりにも小さな町で地図も売られていないため、予約を入れていた宿にどう行けばいいのか、わからない。そこで町の広場に車を停めていた婦人警官に尋ねたら、「ついてきなさい」と言って、自らパトカーで私たちを民宿「ビラ・グラツィアーニ」[*]まで先導してくれた。田舎ならではの親切さである。さて民宿とはいうものの、着いてびっくりした。一八一五年に建てられた城のような邸宅である。寝室の天井の高さは、六メートルはあるだろうか。木の天井には、唐草模様のような装飾が施されている。

第二次世界大戦中には、英国空軍の第二五五飛行中隊が、この建物を司令部として使っていた。玄関を入ったすぐ右側の壁に、「二階・将校用食堂」、「三階・読書室」、「三階・伍長の部屋」などという当時の説明書きが残っている。戦争中とはいえ、こんな所で勤務できた将校たちは幸せである。庭は公園のように広く、朝顔や葡萄の木が植えられている。大きな窓からはトスカナ地方の平原、そして優美な起伏を持った山をはるか彼方に見渡すことができる。近くの農場からは、ときおり馬のいななきが聞こえる。この館には、広いダイニングルームが三つもある。天井にはフレスコ画が描かれており、ビスコンティの映画に登場する邸宅のような雰囲気である。予約すれば、夕食をこの豪華な部屋でとることもできる。ホテルと違って、他の宿泊客たちと一つのテーブルを囲むので、会話を楽しむことができるのがよい。私が泊まった時は、他の滞在客はすべてイタリア人ばかりで、英語もドイツ語も通じないので、フランス語で世間話をした。

さてバダから十キロ北に走ると、カスティリオンチェロという保養地がある。松林の美しい海岸の村に来ているのは、トスカナ地方の住民などイタリア人が大半で、外国人はほとんど見かけない。イタリアの女優や映画監督が、別荘を持っていると聞いた。葡萄棚で日陰が作られたレストランの庭で、海産物をふんだんに使った手打ちパスタ（パスタ・フレスカ）に、舌鼓を打つ。特にいか墨のパスタが美味しい。知人で貴族の血をひく食通のドイツ人も、休みになるとイタリアの名もない町に行っては、地元の人に教えてもらったレストランで、食道楽をしている。自信を持って断言してしまう。イタリアの良さを楽しむには、田舎に行くに限ると。

＊「ビラ・グラツィアーニ」(Villa Graziani)
TEL　0586-788244　FAX　0586-785998
E-mail：ilpino@tin.it　HP：http://www.villagraziani.com
アクセス　ピサからバダまでは電車で所要時間五十分

ナポレオンの孤独――エルバ島

イタリア中部、トスカナ地方の沖にエルバという島がある。複雑に入り組んだ海岸線、したたるような緑色の山々、その間に見え隠れする古風な住宅が目を楽しませてくれる。人口わずか三万人のちいさな島は、一度だけヨーロッパの国際政治で脚光を浴びた。それは、十九世紀の初め、ナポレオンが約三百日間にわたり、ここに島流しになった時のことである。フランス軍の一将校の身から皇帝の座にかけのぼり、欧州全体に恐怖をもたらしたナポレオンだったが、転落も秋の落日のように速かった。ロシア遠征に失敗してから勢いを失い、ライプチヒ近郊の会戦で壊滅的な打撃を受ける。フランスで退位させられたナポレオンは、英国などの連合軍に降伏した後、軍艦に乗せられて、一八一四年五月四日にエルバ島の港町ポルトフェライオに到着する。

われわれ日本人は、「島流し」という言葉を聞くと、讃岐に配流された崇徳院や、鬼界ヶ島に遠島処分になった俊寛の悲惨な運命を思い出す。だがナポレオンの島流しは、少し事情が違ったようだ。オーストリアなどの敵国は、ナポレオンに「皇帝」という呼称を引き続き使い、エルバ島の支配者として君臨することを許可した。さらに歩兵と騎兵八百五十名が同行することまで許している。今日の戦争では考えられない寛容さである。

到着直後のナポレオンは、エルバ島の経済力を高めるために力を尽くした。例えば葡萄の木や、街路樹として植えるオレンジの木、養蚕業のためにクワの木を本土から島にもたらした。さらに彼は劇場、道路、病院を建設し、「小さな王国」を充実させる努力をしている。今もエルバ島のあちこちで、白地に赤色の斜線をひき、その上に三匹の蜜蜂を配した旗がはためいているが、これはナポレオンが制定したエルバ島の「国旗」である。ナポレオンはこの旗に、「蜜蜂のように勤勉に働くべし」という島民へのメッセージをこめたと言われている。ポルトフェライオには、ナポレオンが住宅として使った建物が残っている。この建物は、二つの要塞にはさまれた高台にあるため、攻めてくる敵を撃退するには適しているが、フランスの支配者だった人物の居宅としては質素だ。装飾もほとんどなく、兵営のようである。上部に白鳥や竪琴の彫刻を施した天蓋つきのベッドと、背表紙にナポレオンの頭文字「N」を付けたフランス語の書籍が、ここにナポレオンがいたことを偲《しの》ばせるにすぎない。

ナポレオンがエルバ島に到着した時、人口はわずか一万二千人だった。彼は一週間にわたり島内を視察した後、連合軍が監視のために派遣した英国人将校に対して、「小さな島だ」とつぶやいたと伝えられている。自分の新しい「王国」の狭さにショックを受けたのだろう。

彼は一八一五年二月に、監視役の将校がイタリア本土に出かけているすきに、近衛部隊の兵士たちとともに帆船でエルバ島を脱出した。約一ヶ月をかけてパリに帰還したナポレオンは、権力の奪回を試みるが、ワーテルローの戦いで連合軍に敗退する。エルバ島を脱出してから八ヶ月後、ナポレオンは大西洋に浮かぶ絶海の孤島セント・ヘレナに幽閉され、一八二一年に波乱の生涯を終えた。エルバ島のミセリコルディア教会には、セント・ヘレナ島で取られたナポレオンのデスマスクが、置かれている。その表情には、幽閉の屈辱と煩悶から解放された人物の、かすかな安堵が感じられる。

ナポレオンのエルバ島での短い滞在は、この島の名を世界史に永遠に留めることになり、インフラ整備などによって、島民に経済的な利益をもたらした。このため、エルバ島が一八六〇年以降イタリア領になっているにもかかわらず、ミセリコルディア教会ではナポレオンの命日である五月五日に、彼を偲ぶミサが行われている。エルバ島では、九月に入ると強い北風が吹きすさぶようになり、秋の近いことを告げる。私は深夜に奇怪な鳥の声のような音をたてて軒先を通り過ぎるエルバの暴風に、思わず目を覚ましたことがある。百九十年前に、ナポレオンもこの風の音を聞きながら、眠れぬ夜を過ごしたことであろう。この寂寥感も、風雲児を再び歴史の歯車に反逆させる、引き金の一つになったに違いない。

アクセス Piombino か Livorno から夏期には三十分おきにフェリーが出ている。ポルトフェライオ（Portoferraio）港まで所要時間は一時間。

PARIS
ELBA

兵《つわもの》どもが夢のあと――カプア

ナポリの北二十六キロの所にあるサンタ・マリア・カプア・ヴェテーレは、南イタリアの雑然とした地方都市の一つである。今日の俗化された街並みだけを見たら、カプアが紀元前六〇〇年頃までさかのぼる歴史を持ち、古代ローマ帝国で重要な位置を占めていた都市だったとは、全く想像もできない。

エトルリア人の重要な拠点の一つだったこの町は、紀元前四世紀にローマ帝国の支配下に入り、自治都市の一つとしてアッピア街道によってローマと結ばれた。カプア市民はローマに支配されて、政治的な独立を失ったものの、経済的には急速に繁栄する。この町は香油の産地として知られたほか、ヴォルトルノという川に面していたため、交易の拠点として栄え、ローマに次ぐ帝国第二の都市に成長したのである。

この町の名前を有名にしたのは、カプアの剣闘士たちが起こした、いわゆるスパルタクスの乱である。ローマの奴隷として剣闘士にされたスパルタクスは、紀元前七三年に、カプアにあった剣闘士訓練所で、他の奴隷とともに蜂起し、ローマの軍団と死闘を繰り広げ、帝国に大きな動揺を与えたのである。反乱軍は結局ローマ軍に圧倒され、スパルタクスは他の奴隷たちとともに磔刑に処せられて、その骸《むくろ》はアッピア街道沿いにさらし者にされたが、この反乱が、ローマ帝国に支配された民族の激しい憎悪を、端的に象徴する事件となったことは間違いない。

そのスパルタクスも闘ったと言われる円形闘技場の跡が、サンタ・マリア・カプア・ヴェテーレに残っている。四万五千人を収容できたこの闘技場は、ローマのコロッセウムに次ぐ規模を持っており、カプアが帝国第二の都市だったことを窺わせる。カプアの闘技場は、ローマよりも激しく破壊されているが、地下通路などは保存状態が良い。闘技場の一番外側の壁は大理石で作られており、破壊を免れた女性や子どもの彫刻が残っている。遺跡を散策しながら、かつてローマ帝国の老若男女が目にしたであろう、こうした彫刻を眺めるのは、楽しい。これらの彫刻は元々置かれていた環境から切り離されていないため、見る者に対して語ってくるメッセージが、美術館のガラスケースの中に置かれている時よりも、圧倒的に強いのである。

何よりも有難かったのは、観光客の数がローマと比べ物にならないほど少ないので、人波や車の騒音に煩わされずに、遺跡の中を歩き回り、静寂の中で古代ローマの世界に思いを馳《は》せられることだ。私が訪れた時には、広大な遺跡に家族連れが二、三組いるだけだった。今は夏草に覆われ、静かな眠りについている闘技場だが、その土は何人もの奴隷やキリスト教徒たちの鮮血を吸っているに違いない。ローマ人の娯楽のために、この闘技場で闘わされた人々の絶望感が、しんとした静けさの中から伝わってくるかのようだ。カプアは西暦八四〇年に回教徒の攻撃を受けて徹底的に破壊・略奪され、歴史の表舞台から姿を消す。

ちなみにサンタ・マリア・カプア・ヴェテーレの北東五キロの所にあるカプアという町は、古代ローマのカプアが荒廃したために、住民が移動して作った新しい町であり、ローマ帝国の名残はほとんど見られない。町外れでは、東欧からの売春婦たちが、昼間から国道に立って客を引いている。町の中心部でも、地元の人が「盗難の恐れがあるので、昼間でも車を長く停めておかない方が良いですよ」と言うほど治安が悪い。

考古学者は、現代のことにはあまり関心がないと思うが、私は、イタリアに限らず南ヨーロッパに来ると、カプアのような町が古代史に占めている地位と、現代における世俗的で殺伐とした状態の間にある、巨大なギャップを目の当たりにして、暗然たる思いにかられることがある。

アクセス　ナポリ駅からSanta Maria Cápua Vetere駅まで電車で所要時間四十分。

巨大庭園に遊ぶ――カセルタ

イタリアでは、北の地方と南の地方の違いが、日本やドイツよりもはるかに大きい。様々な共和国が群雄割拠していて、十九世紀の後半まで統一されていなかった上に、それぞれの地域を支配していた外国勢力の影響も色濃く残っている。たとえばミラノなど北イタリアの町には、どことなく中央ヨーロッパの雰囲気が漂っている。トリエステのカフェ・ハウスに座っていると、イタリアではなく、オーストリアの地方都市に来ているような錯覚におちいるほどだ。これに対し南イタリアでは、オーストリア風の整然とした、冷たい秩序感は消える。特にナポリとシチリアは、一七三四年から約百三十年間にわたり、スペインのブルボン家に支配されていた。イタリア最南端の地域には、スペインの大都市のように、巨大さによって権勢を誇示する建物が、目立つのだ。

たとえばナポリの北三十キロの所に、カセルタという町がある。町そのものは変哲もない静かな地方都市だが、散策しているうちに、小さな町にはふさわしからぬ大宮殿に出くわした。表通りに面した正面玄関は、巨大な壁のようで、てっぺんを見上げると首が痛くなる。これが、スペインのブルボン家のカルロス三世が築かせた、レッジアと呼ばれる王宮なのである。ヨーロッパの宮殿では、入り口から二階に通じる階段部分に、彫刻や壁画を持った巨大な広間を設けて、訪れる者を圧倒しようという趣向の建物が多いが、レッジアの階段広間は、それまでに私が見た宮殿の中でも、群を抜く壮大さを持っていた。キリスト教の大聖堂を思わせる、高さ数十メートルの天井、威風堂々たる幅広い階段、二頭のライオンの彫刻は、この宮殿を訪れた者が建物に踏み込んだ最初の瞬間に、絶対君主の権力の前に自分がいかに卑小であるかを感じさせる仕掛けである。

千二百もの部屋があるこの王宮は、カルロス三世がベルサイユ宮殿に対抗するために作らせたと言われる。これだけのスケールがあれば、一七五二年に建設を始めて、完成するまでに九十三年もかかったというのも、無理はない。カルロス三世は、ナポリでも絵画館、劇場、図書館など優美な建物を次々に建てさせ、ポンペイの発掘の先鞭をつけるなど、この地域の文化や芸術の発展に寄与した君主として知られるが、カセルタ宮殿には、病的なまでに、ひたすら巨大さを追求する趣味が感じられる。

満腹になっているのに、脂肪分の多い分厚いステーキを目の前に突き付けてくるような、絶対君主の居丈高さにいささか食傷気味となって、庭園に出たが、これまた途方もなく大きい。山の中腹から流れる人工の滝や小川、芝生に沿って、スロープのついた遊歩道が三キロにもわたって続いている。小川の水源となっている石造りの四阿《あずまや》は、はるか彼方、絵画の世界でいう消失《バニッシング・》点《ポイント》の付近に霞んで見える。私は時間をかけて歩いたが、足に自信のない人のために、乗合バスも走っているほどの大きさなのである。カルロス三世は、元々この人工の川と遊歩道をナポリまで延長し、レッジア宮とナポリにあるカポディモンテ宮殿の間を、船で行き来できるようにする計画を持っていたと伝えられている。

「イタリアのベルサイユ宮殿」と呼ばれる割には、交通の便が悪いせいか外国人の姿は少ない。むしろイタリア人の訪問者が多く、地元の子どもたちが、先生に引率されて遠足に出かける、格好の場所ともなっているようだ。私が訪れた時も、イタリアのサッカー少年たちが、芝生で日頃の練習の成果を発揮していた。美術館から美術館、さらにはブランド商品の店へバスで走り回るのではなく、スケジュールに縛られずに、南イタリアの太陽の下で宮殿の芝生に寝転び、子どもたちのサッカー試合を眺めるのも、量よりもクオリティーを求める時代の、一つの休暇の過ごし方である。

アクセス　ナポリの北三十キロ。電車でCaserta駅まで所要時間四十分。

レストラン判別法――オルヴィエート

ドイツに住んでいると、つくづく感じるが、我々日本人は、世界でも指折りの美味追求民族である。たとえばドイツでは、ほとんどの家庭の夕食はパンとバター、ハムだけの質素なものである。「アーベント・ブロート（夕方のパン）」という名前そのものなのだ。それに比べると、仮にお惣菜屋さんからおかずを買ってくるだけでも、日本の食卓はバラエティに富んでいる。我々日本人にとって（特に粗食の国ドイツに住んでいる私にとって）、イタリアへ行く大きな愉しみの一つは、やはり食事である。

ところが、知らない町で良いレストランを見つけるのは、それほど簡単ではない。期待に胸をふくらませてイタリアへ行ったけれども、入ったレストランが俗っぽくてがっかりしたという人もいるのではないか。そこで、十年前から毎年イタリアに通っている私の、レストランの体験的識別法をご紹介して、皆さんのご参考に供したい。

まずは店先に立ってみて、わかることから。イタリアでも他のヨーロッパの国々と同じく、入り口にメニューが掲げられているレストランが多いが、その際に英語やドイツ語のメニューは掲げられておらず、イタリア語だけの所を選ぶ。観光客ではなく、地元のイタリア人が行くレストランが、私の旅のターゲットだからだ。イタリアには「観光客向けメニューあり」と看板を掲げた店があるが、そうした所はなるべく避けるようにしている。

さらに、食事やサービスが良い所は、テーブルクロスで大体わかる。赤と白の格子模様のテーブルクロスや紙を使った店ではなく、単色で落ち着いた色の布が使われているレストランを狙うと、成功する確率は比較的高い。私はレストランに入っても、テーブルクロスなどを見て店の雰囲気が気に入らないと、座りもせずに出てしまうことがある。もちろんミシュランなどのガイドブックも参考になるが、簡単なレストラン発見法は、ホテルの従業員に良い店を教えてもらうことだ。やはりその町に住んでいる人に尋ねるのが、一番である。ただし大して美味しくもないのに、そのホテルと提携関係にあるレストランを紹介される恐れもあるから、一ヶ所ではなく、いくつかの店を教えてもらうようにしている。

また、大都市よりも小さな町の方が、良い店を見つけやすい。フィレンツェとローマの中間あたりにあるオルヴィエートという町で入った「エトルリア人の居酒屋」という一風変わった名前のレストランも、泊まっていた宿の従業員に教えてもらったのだが、中世の館を改造した、素晴らしいレストランだった。中年で小太りの給仕は蝶ネクタイで正装し、微笑とユーモアを絶やさない。ドイツの仏頂面をした給仕とは大違いで、ここでもまた「ああ、イタリアに帰ってきたな」という思いにとらわれる。給仕は、町の常連客が入ってくると、まるで友人のように一人一人と握手をしたり、肩を叩いたりしている。こうした光景からも、地元の人に愛されている店だということがわかる。男性と女性がテーブルに着いた場合には、男には普通のメニューを渡すが、女性には値段が書かれていないメニューを渡すのも、気に入った。

料理も満足できるもので、きのこを入れた手打ちパスタの味が忘れられない。給仕がきちんと正装しているこのようなレストランに、セーターやTシャツ、スニーカーで入るのはちょっと恥ずかしい。休暇なのだからネクタイまで締める必要はないと思うが、イタリアへ行く時には、男性ならば、せめてブレザーの一着は持って行ったほうが良いかもしれない。赤ワインで熱を帯びた身体を夜風にあてるために外へ出ると、極彩色のモザイクで飾られた大聖堂が、ライトに照らされて、ぽっかりと闇の中に浮き上がっていた。

アクセス　ローマから電車でOrvieto駅下車。所要時間一時間。

生活の美を楽しむ——マントヴァ

イタリア北部を車で回る時は、たいてい二週間くらいかける。しかも大都市はなるべく避けて、人口が少ない古い町に、三日から四日ずつ滞在する。旅のリズムとして、町に一泊するだけでは荷物を広げる暇もなく、まるで出張のようで、せわしない。逆に同じ場所に四日くらい滞在すると、鞄の中身を出して洋服などをタンスにかけようという気になるし、町並みや人々をよく観察することができる。ガイドブックを片手に名所旧跡を回るのもいいが、たまには道端の喫茶店に腰をおろして、香ばしいエスプレッソでもすすりながら町を眺め、日本とは違うリズムで流れていく時間を感じるのも、旅の愉悦ではないだろうか。

さてロンバルディア地方のマントヴァも、人口が五万五千人のかわいらしい町である。ヴェルディの歌劇「リゴレット」の舞台として知られるこの町では、中世に建てられた、くすんだ茶色、ベージュ色の宮殿や教会、民家が調和の取れた雰囲気を醸し出している。夕日が教会の丸いドームをオレンジ色に染める頃、マントヴァの迷路のような路地は、一日の中で最も華やぐ。恋人や夫婦、そして親子連れが店のショーウインドウを覗き込んでは、そぞろ歩きをしている。私は、さんざめく人々でイタリアの街がもっとも活気づく、夕方のこの時間帯が好きだ。

マントヴァで気がついたのだが、イタリア人は買物などのために外出する時でも、なんとお洒落《しゃれ》をすることか。古い自転車にまたがり、ハンドルに買物袋をぶらさげた中年の女性は、ベージュ色のジャケットとスカートに花柄のスカーフでアクセントをつけ、まるでデートにでも行くような様子である。若い女性だけでなく、年配の女性たちも目一杯おめかしをしているのだ。男だって、負けてはいない。カールした黒髪が目を引く若いサラリーマンは、薄いカーキ色の木綿の背広上下に、茶色の優美な靴で決めている。男でもほれぼれするくらい、格好いい。美しいものを身につけようという欲望は、雨の日にすら現われる。ある時、彼らの持っている傘の模様がことのほか美しいことに気づいた。しのつく雨の憂鬱な天気でも、通りに花が開いたように見える。雨を防ぐという機能性だけではなく、生活の中に美しいものを置こうという執念が感じられる。日本やドイツ、米国では雨の日にこんな印象を持ったことはない。それも華美な模様ではなく、たとえば花柄の傘でも、色調を抑えた趣味の良い模様なのである。そこには、イタリアの建築の内装にしばしば見られる花模様の装飾と、相通ずる感覚がある。

私が一年間暮らした米国でも、現在住んでいるドイツでも、庶民は洋服にあまり金をかけない。ドイツ人は住宅と旅行には金をかけるが、日頃からファッションに注意を払っている人にはめったにお目にかからない。特に米国の影響で、会社で客に会わない日には、背広を着ないでセーターやワイシャツ姿で働く「カジュアル・デー」が流行するようになってからは、外見を気にしないドイツ人男性がますます増えた。平均的ドイツ人がお洒落をするのは、客に会う時と、劇場やコンサート・ホールへ行く時くらいかもしれない。

それに比べると、イタリアの庶民が夕方に買物に行く時にさえ見せる、外見に対する執着ぶりはどうだ。自分を美しく見せるために努力することが、特別なことではなく、食事をしたりシャワーを浴びたりするのと同じように、生活と切り離すことの出来ない、ごく自然な動作になっているようにすら思える。イタリアの国民一人あたりの国内総生産は、ドイツの七十六％にすぎないけれども、美に対する嗅覚の鋭さでは、ドイツ人など足元にも及ばない。マントヴァを歩いていて、金銭では測ることができない生活の豊かさと、イタリア人の誇りを感じた。この国が世界一のファッション王国としての地位を守り続けている理由の一つにも、庶民までが生活の中の美に執着する、広い裾野があるのかもしれない。

アクセス　ヴェローナから電車でMantova駅下車。

みんなきめとるな……

農場に住む——カプア郊外

先日ミラノの書店で「アグリ・トゥリスモ」についての本を見つけた。一口で言えば農家や農園、または郊外の邸宅などに観光客を滞在させる一種の民宿、もしくは家族経営のホテルである。イタリアの都市は見学するものも多いので面白いのだが、騒々しい上に部屋が狭いホテルが多く、料金も高い。そこで田園地帯の民宿に泊まり、その地域で取れた野菜や地酒に舌鼓を打つというアグリ・トゥリスモが最近イタリア人だけでなく外国人の間でも、人気を集めているのだ。

ミラノで見つけた本をたよりに、ミュンヘンから南へ千二百キロ車を走らせて、カンパニア地方カプア郊外の田園地帯にある民宿「マッセリア・ジオ・ソーレ」*に行ってみた。民宿とは言っても、四十ヘクタールもの敷地を持つ。この宿を経営するナポリの貴族の末裔パスカ氏によると、先々代がタバコの栽培で巨額の富をなした時に買った土地で、百年前に建てられた館は、この一家の別荘として使われていた。現在も農園ではトマトやキウイ、オレンジなどが栽培されている。ベージュ色の洋館の外壁には、風雨にさらされた痕が残り、歳月を感じさせる。

さすがに貴族の別荘らしく、一階の居間兼食堂だけで広さが百平方メートルはある。壁にはご先祖様の肖像画、暖炉の上には八世紀にまでさかのぼるパスカ家の家紋が、誇らしげに飾られている。食器に家紋が焼き込まれている所が、伝統を重んじるヨーロッパらしい。

この民宿に泊まって最初の朝に気づいたのは、にぎやかな鳥のさえずりである。私が泊まっていた部屋の前には樹齢が百年を超える、大きなユーカリの木があったが、まだ暗い内から小鳥たちの大合唱である。都会から来た者には、目覚まし時計や自動車の騒音ではなく、鳥のさえずりで目覚めるというのは、一種の贅沢である。また私が訪れたのは四月だったので、ラベンダーや菜の花が一斉に咲き出し、春の到来を告げていた。木に大きなレモンがたわわに実っているのも、ドイツでは見られない、南国ならではの光景である。

ナポリやポンペイの喧騒に疲れたら、ベージュ色と黒の二匹の飼い犬とともに、農園を散歩する。犬は自然の中の放し飼いで、つねに自由を満喫しているせいか、訪問客に吠えかかることもなく、人なつこい。むしろ泊り客が散歩に付き合ってくれると、大喜びである。

農園の一角には、円形の広場のようなスペースがあるが、これはかつてタバコの葉を干すために使われた場所である。今では、地元の人たちが結婚式などのパーティーの場として活用している。私が訪れた時にも、巨大な天幕の下に、テーブルと椅子が置かれ、パーティーの準備が行われていた。緑の中で赤ワインのグラスを傾ける祝宴は、さぞ優雅なことであろう。

もしもあなたがこの宿に来られることがあるとしたら、テラスと台所のある二階の部屋に泊まるべきだ。広さが三十平方メートルはあるテラスは、赤茶色の敷石でおおわれている。イタリアらしい、暖かい色調である。ここにテーブルと椅子を出し、雲雀《ひばり》のさえずりを聞きながら、南国の太陽を浴びる。テラスの前には、鬱蒼としたユーカリの木。眠りを誘うようなけだるい午後のひととき、木陰で遊ぶ犬や子どもたち、植木仕事をする使用人たちを見ていると、かつて富を誇った貴族階級の生活ぶりが、彷彿としてくる。アグリ・トゥリスモは、こうした一種のタイム・トリップをも可能にしてくれるのだ。

＊「マッセリア・ジオ・ソーレ」(Masseria GiòSole)

TEL ０８２３―９６１１０８ FAX ０８２３―９６８１６９

E-mail:info@masseriagiosole.com

HP：http://www.masseriagiosole.com

アクセス ナポリ駅からバスで所要時間五十分。下車徒歩三十分。

文豪ゲーテの寄り道――ガルダ湖

イタリアを訪れる日本人で、北のはじにあるガルダ湖までわざわざ足を延ばす人は、ほとんどいないだろう。だが私のように、ドイツからアルプス山脈を越えてイタリアに入る人間にとっては、毎回必ず通りすぎるおなじみの場所である。ミュンヘンからは車で三時間あまり。金曜日に休みを取れば、二泊三日の週末旅行ができるので、ミュンヘンっ子にはとても人気がある。

ガルダ湖の魅力は、山岳地域にあるため、風景が変化に富んでいることである。断崖絶壁の上からガルダ湖を見下ろす。まるで岩で出来た屏風のように、垂直に切り立った山に囲まれた湖は、実に雄大である。その風景を見るためだけでも、アルプスとヴェローナを結ぶ高速道路から、脇道にそれてみるだけの価値はある。

この湖は二百年以上前にもドイツ人の間で有名だったと見え、一七八六年にイタリアへ旅行した文豪ゲーテも、アルプスのブレンナー峠を越えて、最初の目的地ヴェローナに行く前に寄り道をしている。彼は『イタリア紀行』の中で、九月十二日にこう記す。「今日の夕方にはヴェローナに着けたはずだが、ガルダ湖の素晴らしい自然の景観を見逃したくはなかった。実際、ここに寄り道をするだけの価値はあった……。谷間の道を登り、物凄い岩山を湖へ向けて下っていくと、絵のような美しさの石灰岩の断崖が目に入ってくる……」。ゲーテはこの風景を目にして「岩の円形劇場」と形容している。実際に現場を訪れてみると、険しい岩山に囲まれた湖は、まるで自然が創ったコロセウムのように見え、この表現がぴったりであることがわかる。

絵心があったゲーテは、ガルダ湖の風景がよほど気に入ったと見え、ここに三日間滞在して、船遊びをしたり、スケッチをしたりしている。ある酒亭では、主人が湖でとれた鱒だと言って出してきた魚について、これは鱒ではなく鮭のような味もするとぶつぶつ言いながらも、「柔らかくて美味しい」と舌鼓を打っている。ガルダ湖の北西のリモーネという村は、その名の通り古くからレモンの栽培で知られる。船に乗ってこの村の前を通り過ぎると、テラスのようなレモン畑が見えるが、ゲーテも全く同じ風景を目にしている。「テラス状のレモン畑は、豊かな印象を与える。畑には、四角形の白い柱が一定の間隔を置いて立てられており、柱の間には棒が渡されている。冬にこの上に覆いをかけて、レモンの木を守るためである……」。文豪の目にとまった白い柱は、ガルダ湖のレモン畑のシンボルであり、今も残っている。

リモーネ村の対岸には、マルチェジネという港があり、ゲーテはここにも上陸している。この村の背後には中世に建てられた城があり、ゲーテ画伯は散策中にこの城に目をとめスケッチし始めるが、思わぬハプニングに巻き込まれてしまう。

村人たちが写生をしていたゲーテを取り囲み、イタリア語で何かまくしたてたかと思うと、絵を取り上げて破り捨ててしまったのだ。人々はゲーテのことを、国境地帯で、イタリア側の城塞などについて情報を集めている、オーストリアのスパイと勘違いしたのである。ローマなどの名所ならいざ知らず、外国人が名もない古城をスケッチしていることが、村人たちには不審に思えたのであろう。

やがて地元の官憲までやってきて、ゲーテは尋問を受ける。しかしたまたま村人の一人が、ゲーテの出身地フランクフルトに住んでいたことがあり、ゲーテがドイツについて言うことは事実だと証言したため、彼は無罪放免となった。ゲーテは「後で思い出すと笑い出したくなるような体験だった」と書いているものの、もしここでスパイの疑いをはらすことができず、処刑されていたら、ローマやヴェローナを見物することができなかったばかりか、不朽の名作『ファウスト』を書くこともできなかったのである。彼をスパイと間違えた村人たちの子孫は、今では記念館まで建ててゲーテを称賛し、彼がこの地を訪れたことを、観光客を引き寄せる材料として役立てようとしている。

アクセス　ガルダ湖には南部のペスキエラまでしか電車で行けないので、ゲーテが訪れた北部の村へ行くには、ヴェローナからバスに乗るのが一番である。

イタリア式運転術——ナポリ

南イタリアの古都、ナポリ。青い海に面し、雄大なヴェズーヴィオ山をはるかに望む、歴史とロマンの宝庫だ。紀元前五〇〇年頃からギリシャの植民都市として基礎が築かれ、十七世紀には欧州最大の都市の一つとして栄えた。十八世紀からスペインのブルボン王家に支配されたために、大規模で豪華な建物が多数建てられた。

だが今日のナポリでは、経済の停滞や、インフラ整備の遅れ、犯罪の多発によって、ロマンチックなイメージに影が落ちている。特にドイツから来た者には、この町の交通事情はカルチャーショックを与える。同じヨーロッパといってもドイツとイタリアでは雲泥の差があるのだ。ドイツでは、交通ルールや標識さえ守っていれば、車の運転は比較的簡単である。たとえば標識や信号のない交差点では、右側から来た車が優先、細い道から広い道に入る時には、広い道を走っている車が優先。ロータリーでは中にいる車が優先といった決まりがある。

ところが南イタリアには、こうした規則がない。もしくは、規則があっても守られていない。信号のない交差点では、先に入ったドライバーが勝ちである。ぶつからない限り強引に突っ切らないと、いつまでたっても前に進むことができない。ほとんどのドライバーがこのような運転をしているので、交差点の中心部は、あらゆる方向へ進もうとする車でごった返している。脇道から大通りに入る車も、車の流れが途切れるのを待たない。数秒のスキさえあれば、すぐに鼻先を突っ込んでくる。こちらはそのまま走ると衝突するので、急ブレーキを踏まざるを得ない。相手は涼しい顔で大通りに入りこむ。車線もいいかげんで、反対車線を逆行している車も見た。南イタリアでの運転は、ハラハラのし通しである。

また南イタリアで外国人ドライバーを悩ませるのが、路上に車を停めると近寄ってきて、「車が盗まれないように見張ってあげるから、金をくれ」と声をかける「私設ガードマン」である。彼らは常に歩道をぶらぶらしていて、駐車するドライバーを待っている。私もしばしば金を要求された。渡す金は三千リラ（二百円）前後でいいのだが、事情をよく知らない我々には、一種の恐喝にも思える。イタリアに詳しい知人によると、実際には車を守っているわけではないのだが、支払いを拒否すると車を傷つけられることもあるので、払ったほうが無難だそうである。

このように書いてくると、南イタリアではこわいことが多いように思われそうだが、ほっとさせるような人情もある。ある時、美術館に行ったが駐車場が満車だった。仕方なく近くの路上に停めたが、例によって私設ガードマンが地の底から湧いてきたかのように現われ、ニヤニヤしながら後を尾けてくる。そこで美術館の門番に駐車場はないのかと尋ねると、「職員専用の駐車場が空いているから、そこに駐車させてあげましょう」と言って、遮断機を開けてくれた。規則に縛られない、イタリア人ならではの柔軟さだ。ドイツではこのような特別待遇は考えられない。

またナポリの中心街には、一方通行の道が多い。このため、ある時道幅が三メートル位しかなく、しかも急な坂道の路地に車で迷いこんでしまった。頭上には満艦飾の洗濯物がぶら下がり、日光もろくに射さない。鋭い目付きの若者が、路地に闖入《ちんにゅう》した外国人をにらみつける。ただでさえ狭い路地には、ごみ箱やスクーターが置いてあるので、車が一台そろそろと通るのがやっとだ。ここはトレド通りの裏手、治安が悪いから入らない方がよいと友人が忠告してくれた、通称スペイン地区である。ファースト・ギアで這うようにしか進めない道は、正に迷路である。

道を曲がるのに苦労していると、赤いセーターを着た、白髪のイタリア人の男性が車を誘導してくれた上、路地から抜ける道を教えてくれた。さらに身振りで「ドアをロックしろ」と指示した。やはり外国人には危険な場所だったのだろう。親切なナポリっ子たちに助けられて、私は南イタリアの混沌を脱出できたのである。

ITALIA
NYPD
イヤ
ドーモ
ドーモ
M CR 7876
VESPA

スローフード礼讃――バレッジオ

米国のファーストフード文化に対するアンチテーゼとして、イタリアに端を発したスローフード運動については、日本でも広く紹介されている。だが、ここイタリアで友人たちとレストランに行けば、ゆっくり時間をかけて手のかかった食事を楽しむことは、もともと当たり前である。

先日イタリア北部のガルダ湖に近い、カステラーロ・ラグセロという農村で、イタリア人の友人と夕食をともにした時も、素晴らしい食事と楽しい会話で三時間があっという間に過ぎ去った。

私たちが選んだのは、中世の城壁に程近いレストラン「ラ・ディスペンサ」。小ぢんまりとした農家のような造りで、肩肘の張らない、家庭的な雰囲気の店である。しかしその料理の水準は、ミュンヘンの高級レストランにも全くひけをとらなかった。

この地域に住むイタリア人の勧めに従って、地元ならではの料理を注文する。私が前菜として選んだのは、薄く切った牛のタン（舌）で、白身の魚をくるんだもの。一見、奇抜な組み合わせに思えるが、トリュフ入りのオリーブ油が加えられているため、まろやかで気品のある味に仕上がっている。メイン・ディッシュは、ロバの肉を柔らかく煮た、やはりこの地域独特の料理。ロバと聞くとためらう方もいると思うが、私の場合は好奇心が先に立ってしまう。肉はかなり時間をかけて、香料とともに煮られていると見え、口の中で溶けるような柔らかさであり、臭みも全くない。これが「メルロ・ガルダ」と名づけられた地元の赤ワインにぴったりで、絶妙のハーモニーを生み出してくれた。

実は「ラ・ディスペンサ」は、木曜日から日曜日までしか営業していない。「一週間のうち半分しか働かないとは、自信過剰にも思える商売の仕方だ」とも思ったが、その「作品」の充実度を見れば、納得せざるを得なかった。カステラーロ・ラグセロのような村は、ほとんどのイタリア人には知られていない。人口が千人にも満たない村に、これほど洗練された、至福感に満ちた食事をさせてくれるレストランがあるというのは、ちょっと驚きである。素晴らしいレストランに出会うために、ローマやミラノのような大都市に行く必要が全然ないのである。この国の食文化は、奥が深い。

さて私たちは、ここから車で十五分の所にバレッジオ・スル・ミンチオという町を見つけた。十四世紀に造られた石の橋「ポンテ・ヴィスコンテオ」を車で通過する。夜になると、要塞のようにいかめしい城門が、オレンジ色の照明でライトアップされて、ことのほかロマンチックである。

バレッジオに来たら、この橋の近くの中州にある、ボルゲットというかわいらしい村を見逃してはならない。まるで船のへさきのように川の中に突き出た古い水車小屋が、レストランや喫茶店として使われている。川のせせらぎの音を聞きながら、陽光が降り注ぐテラスで昼食をとれば、イタリアの片田舎らしい情緒を満喫できる。

さてこの小さな町でも、イタリア人たちは、スローフードの精神を象徴するような催しを行っている。毎年六月に、バレッジオの約三十軒のレストランが協力し、町の象徴であるヴィスコンテオ橋の上で、四千人を招待してフルコースの晩餐会を開くのである。橋の上にはふだん車が通っているが、この日だけは通行止めとなり、人間が主役だ。長さ六百メートル、幅二十六メートルの橋の上に、長大なテーブルが二列にわたって置かれ、卓上のロウソクが延々と光の列を作るさまは、壮観である。そして、晩餐のしめくくりには、丘の上の城塞から打ち上げられる花火も観賞できる。初夏の宵の暖かい空気に包まれ、六百年前に造られた橋の上で、城門や砦の遺跡、花火を眺めながら、ワインと食事を楽しむ。イタリア人たちの生き方には、「仕事と時間に追われるだけが、人生ではない」というメッセージが込められているのだ。

アクセス　カステラーロにもバレッジオにも鉄道は通じていない。ヴェローナかマントヴァで車を借りるのが最善の方法だろう。

田舎でジョギング――ロンバルディア地方

北イタリア・ロンバルディア地方の農村、午前七時。私は、はるか彼方に横たわるアルプスの青白い山並みを眺めながら、畑の中の一本道を走っていた。なだらかな起伏を持った田園が、目の届く限り広がっている。ときどき丘の上に、石造りの農家の廃屋がぽつんと立っているのを除けば、一面の畑と原野である。鉛筆のように細い糸杉が、風景の単調さを破るように屹立している。雑草や地面にはうっすらと霜が降りており、吐く息はまだ白く見える。オレンジ色の朝の光が、田園の土と空気をゆっくりと暖めていく。

葡萄畑で働いている農民たちや、教会に向かうお年寄りの女性、猫や番犬たちが、ジョギングするアジア人を、けげんな表情で眺めている。砂利におおわれた坂道を下って、急なカーブを曲がると、野生の小鹿が私の足音に驚いて、畑の中をはねるように逃げていき、茂みの中に姿を消した。朝食をしたためていた鹿を、びっくりさせてしまったようだ。ジョギングをしている途中に野生の鹿を見たのは、初めてである。

私は二〇〇一年十月から、土・日曜日と休暇中には、天候にかかわらず、必ず一時間程度のジヨギングをするようになった。その理由は、日本と米国で記者として働いた八年間とドイツへ来てからの十一年間、全く運動らしい運動をしていなかったので、かかりつけの医者からスポーツをするように勧められたことが、一つ。また九月十一日の同時多発テロ事件で世界貿易センタービルが崩壊した直後に、人々が背後に迫る巨大な粉塵に追われて、全力で逃げる衝撃的な写真を見て、「危機の時代に頼りになるのは、自分の体力しかない」と思ったことも理由の一つである。

ふだんは、ミュンヘンの自宅から、ニュンフェンブルグ宮殿までの往復五キロの道を走る。運動音痴の私が、一年間ジョギングを続けた結果、ふつうどおり食事をしているのに、体重が十キロ減った。汗を流したあとの爽快感で、生まれ変わったような気分になる。ジョギングを一度始めると、病みつきになり、なかなかやめられなくなる。その原因は、走ることによってエンドルフィンというホルモンの一種が体内で生成されて、中枢神経に作用し、幸福感を生んだり、物事についてくよくよしなくなったりすることだけではない。緑が多く、美しい建物がたくさん残っているヨーロッパでは、走りながら風景を眺めることも楽しいのである。このため私は旅行先でも、わずかな時間があればひとっ走りしたくなる。朝のしじまの中、ジョギングをしながら眺めるイタリアの都市や農村は、昼間とは違った表情を見せる。

たとえば観光客が全くおらず、鳥のさえずりだけが聞こえる中世の町フェラーラで、威圧的なエステンセ城の塔や、大聖堂の優美な浮き彫りを見上げながら、石畳の道を走るのは良い気分である。車に邪魔されたくないならば、フェラーラの町をぐるりと取り囲む城壁の上を走るのもよい。敵の攻撃を防ぐために造られた堅固な城壁には、今では木が植えられて、市民の格好の散歩道になっている。静寂の中で町を見たいという人には、早朝のジョギングはうってつけである。

もちろん、一週間に七ヶ所の都市を回るような団体旅行では、ゆっくりジョギングをするのは難しい。したがって、思いきって一つの都市や村だけに一週間か二週間、腰を落ち着ける旅行をしてみてはどうだろうか。そうすれば、時差ぼけを直した上で、スポーツをするだけの余裕も出てくるかもしれない。面白いもので、一つの町や村に一週間くらい滞在していると、あたかもそこが自分の生活圏であるかのような気がしてくる。なじみのパン屋さん、喫茶店、新聞販売店ができてくるのだ。ジョギングで毎日同じ道を走っていれば、風景にも愛着が湧いてくる。

たとえばロンバルディア地方の農村、カステラーロ・ラグセロでは、自分のジョギングの折り返し点に決めていた、ある古めかしい邸宅に、強く魅かれた。ベージュ色の壁、くすんだ緑色のドアや鎧戸が、何百年ものあいだ風雨や埃《ほこり》にさらされたために、微妙な色あいを見せている。蔦《つた》のからみつく壁に朝日が照りつける様は、私の絵心を強く刺激した。こういった思わぬ拾い物ができるのも、ヨーロッパの田舎で走る喜びの一つである。

クラシックカー万歳――フェラーラ

イタリア北部、エミリア・ロマーニャ地方の都市、フェラーラ。堅固な城塞に囲まれた、中世そのままの雰囲気の街だ。十二世紀に建設された、白亜の大聖堂が、街の広場を見下ろしている。外壁を飾る彫刻が、朝日を浴びて一段と華麗に見える。イタリアではどの街でも、教会と市役所に面した広場が中心である。喫茶店やブティックもこの付近に集中しており、人々はエスプレッソを飲みながら、また広場に立ったまま、延々と話し込んでいる。

市庁舎の時計の針が午前九時を指した時、広場はエンジンの爆音に包まれた。ピカピカに磨き上げられた、クラシックカーが、続々と集まってきたのだ。陽光を浴びて輝く銀色のBMW社製スポーツカー。車体前面に取り付けられた、白と青の市松模様のマークが、誇らしげだ。車輪の繊細なワイヤー・スポークと、丸いヘッドライトがいかにもクラシックカーらしい、真紅のMG。フェラーラの市民たちが集まってきて、珍しそうに運転席を覗き込む。杖をついたお年寄りたちも、まるで子どもに戻ったかのように目を輝かせながら、車に見入っている。

集まったクラシックカーは、ちょっとした美術品である。古めかしい計器類がついているダッシュボードは、木目も美しく、新品のように見える。フロントウインドウのガラスも磨かれて、チリ一つ付いていない。持ち主は、入念に手入れした愛車が、人々の熱い視線を浴びているのを見て、いかにも誇らしげである。このドライバーたちは、クラシックカーのラリーに参加するために、イタリアのあちこちの町から、出発地点であるフェラーラに集まってきたのである。

人に見られることを意識しているせいか、クラシックカーのドライバーたちは服装に大変気を使っている。「ブラック・ダイヤモンド2号」と名づけられた、真っ黒のMGに乗った二人の男たちは、帽子からジャンパーまで黒で統一した上、サングラスをかけてアクセントを付けている。まるで映画「ブルース・ブラザース」に出てくる二人組のようだ。

別のMGに乗ったカップルは、白いセーターにジーンズのペア・ルックで、かっこよく決めている。ベルルスコーニに似た男と、金髪の若い女性が仲良く寄り添い、地図でルートを確認していた。運転席のダッシュボードは、小さな計器がたくさん取り付けられているので、まるで飛行機の操縦席のように見える。運転席に取りつけられたテディーベアの小さなぬいぐるみも、パイロットがかぶるような飛行帽に革ジャンという出で立ちだ。ほとんどのクラシックカーは屋根のないオープントップ式なので、自動車のラリーでは、埃や雨がどんどんドライバーを襲う。それでもおしゃれなスタイルで颯爽《さっそう》と車に乗り込むところが、何ともイタリア人らしい。

やがて、ラリーの参加者たちはサングラスをかけて、車に乗り込み、一台一台が主催者の祝福を受けて、中世の雰囲気が漂う広場にエンジン音を響かせながら、スタートする。朝の光の中、古風な車が次々に石畳の上を疾走していく様子は、絵になる。ドライバーたちは、この街のかつての支配者が建設した、いかめしい城の前を通りすぎ、春の気配が強まった郊外の道へ向けて走り出した。

ヨーロッパは、クラシックカーの宝庫で、こうしたラリーはあちこちで行われている。たとえば四月にフランスで開かれる「トゥール・オート」、五月のイタリアで開催される「ミッレ・ミリア」などは有名だ。

ADAC（ドイツ自動車クラブ）によると、製造されてから二十年以上経った車を持っている人は、ドイツで五十二万人に達し、愛好者の数は増えつつある。私の住んでいるミュンヘンの路上でも、戦前に作られたメルセデス・ベンツやオーストリアのシュタイヤー、また五〇年代に製造された超小型カー「メッサーシュミット」などが走っているのをよく見かける。大手自動車メーカーの中には、クラシックカー専門の修理工場を持っている所もあり、交換部品が手に入らない場合には、写真や図面をもとに自分たちで作ってしまうほどの凝りようだ。

日本や米国に比べると、石畳の道や、古風な建物がたくさん残っているヨーロッパ、特にイタリアの町には、クラシックカーがよく似合うような気がする。

アクセス　ボローニャから電車に乗り、Ferrara 駅下車。所要時間三十分。

YR678

イタリアは夜ひらく――オストゥーニ

イタリア南部のプーリア地方に、オストゥーニという町がある。この町を遠くから見ると、壁を白く塗られた民家が、小高い丘にへばりつくように建てられており、丘のてっぺんに渋いベージュ色の教会がそびえている。丘の背後には、紺青のアドリア海が広がっている。イタリアというよりは、ギリシャを思い起こさせる景観である。

午後二時頃に車で町に着くと、中心にある「自由の広場」にすら人影がなく、閑散としている。店という店はすべて鎧戸を閉め、歩道には人っ子一人歩いていない。まるで住民が災害か空襲のために、町から避難でもしてしまったかのようだ。

日本人の旅行者がイタリアに来てまごつくのは、この白昼の静けさである。買物や食事をしたくても、午後二時から五時頃までは、店やレストランが昼休みのために、扉を固く閉ざしているので、美術館へ行くか、バール(喫茶店)に入ってエスプレッソを飲むことくらいしかできない。

ところが、夜八時頃にオストゥーニへ行ってみたところ、そこには、昼間とは全く別の町に来たような光景が展開していた。「自由の広場」の周りでは、全てのカフェ、食堂、たばこ屋、洋服店、化粧品店などが開いており、歩道や広場には、お年寄りたちが椅子に腰掛けて、雑談をしたり、行き交う人や車を眺めたりしている。店からの光で、通りは煌煌《こうこう》と照らされている。昼休みには閉まっていた扉の奥から、秘められていたエネルギーが一気に噴き出してきた感じである。教会や市庁舎なども、オレンジ色の照明で、華やかにライトアップされている。イタリアの町の活気を味わうには、昼ではなく夜に出歩くべきかもしれない。

オストゥーニでは、中世に作られた路地が迷路のように縦横に走っているが、夜十時になっても、小学生たちが路上で鬼ごっこをして遊んでいる。まるで昼間のように、子どもたちの歓声が裏道に響き渡っているのだ。おとなたちが、とがめる様子も全くない。午前零時近くになっても、子どもを乳母車に乗せ、アイスクリームをなめながら、散歩を楽しんでいる夫婦がいる。スパゲッティを垂らしたようなすだれの奥からは、イタリアにつきもののテレビの音が、絶え間なく道に流れてくる。夜だというのに、とにかくにぎやかなのだ。

私が住んでいるドイツでは、子どもたちは夜八時にベッドに行かされるのが普通だ。またドイツ人は夜間の騒音にはとても敏感なので、子どもが夜十時に道路で騒いでいたら、「静かにしないと警察を呼ぶぞ」と近所の住民から、冷たい最後通牒を言い渡されても不思議ではない（実際に警察を呼ぶ人も多い）。

イタリアではレストランにしても、夜八時から八時半にならないと開かない店が、圧倒的に多い。これはドイツよりも二時間ほど遅い。夜十一時ともなれば、通りに人影がなくなり、閑古鳥が鳴くミュンヘンの町とは違うのだ。このように、同じヨーロッパといいながら、アルプス山脈を境にした北と南の間には、生活のリズム一つを取っても、これほど大きな違いがあるのは、ヨーロッパの多様性を示しており、とても面白い。もっとも、夜に活気があるといっても、我々日本人は目立つために、プロの犯罪者の標的となる恐れもある。夜には、駅の周辺など、治安の悪い場所に行くことは、できるだけ避けた方が良い。ナポリ駅の近くで、日本人の旅行者が深夜に強盗に襲われて殺された事件があったが、あそこは昼間でも行きたくない場所である。旧市街や大通りのように、イタリア人の家族連れが歩いている場所ならば、比較的安全かもしれない。外国での旅行を楽しむには、リスク管理も必要であることをお忘れなく。

ところで夜十時に道で鬼ごっこをしているオストゥーニの小学生たちを見ながら、私は夜九時頃まで塾で勉強をしている、日本の小学生たちをふと思い出してしまった。日本では「ゆとり教育」の必要性が叫ばれる一方で、子どもたちはますます熱心に塾や予備校へ通わされている。日本の国民一人あたりの国内総生産（GDP）は、一九九九年の時点でイタリアの一・六倍。OECD（経済協力開発機構）が各国の子どもたちの学力を比較した調査でも、日本は算数の成績で世界一である。このめざましい成果の背景に、日本人の教育熱心があることは、間違いない。それでも、歓声を上げて楽しそうに遊んでいる南イタリアの子どもたちと、同じ時間に塾で算数の問題を解いている日本の子どもたちの、どちらの方がより幸せかについて、考え込まずにはいられなかった。

アクセス ブリンディジまで飛行機に乗り、電車でオストゥーニまで行くことも可能だが（所要時間は約三十分）、空港で車を借りるのが最も便利である。

マッセリアをはしごする――プーリア

イタリアという長靴のかかとの部分、プーリア地方まで、ミュンヘンから車を走らせた。道の周りは、見渡す限り、糸杉とオリーブの木におおわれた肥沃な土地。薄緑色の葉陰に、アドリア海の水平線が見え隠れする。この道に沿って、ときおり白い門柱が立っている。その一つをくぐって、でこぼこの砂利道を約五百メートル走ると、いかめしい鉄の門に行き当たる。インターホンで名を告げると、遠隔操作で門がしずしずと開く。

プーリア地方に多数残るマッセリア（農場）である。南イタリアの強い日差しが、白く塗られた壁にはねかえって、目を射る。中庭には高い椰子《やし》の木や、ハイビスカスの花も見える。この農場は、イタリアで人気の高いアジエンダ・アグリトゥリスティカ（農園観光施設）の一つで、ホテルとなっている。客室は八つしかないので、都会のホテルよりも家族的でゆったりとした、民宿のような雰囲気がある。

この農場は、かつてオリーブ油を製造していた裕福な一家の持ち物だった。右手と三つの星をあしらった家紋が、中庭に通じる門に刻まれている。地下室にはオリーブの実をつぶすのに使われた大きな石の車輪や、プレス機械が残っている。*「イル・フラントイオ」つまり「油を搾り出す機械」という名前が付いているのも、そのためである。農場の中のもっとも古い建物は十六世紀に建てられたもので、小さな礼拝堂も残っている。背後には数十ヘクタールもある農地とオリーブの林が広がっており、小さな馬場もある。

「イル・フラントイオ」は、プーリア地方にたくさん残っているマッセリアの一つにすぎない。地図を見ると、バリとブリンディジの間の田園地帯は、このようなマッセリアで埋め尽くされている。

いくつかの農場を回ってみると、庭を中心にして周囲をぐるりと高い塀で取り囲み、砦のような構造になっている建物が多いことに気がつくが、それには歴史的な理由がある。十五世紀頃からプーリア地方は、アドリア海をはさんだ現在のアルバニアやクロアチアにあたる地域から、盗賊に何度も襲撃された。彼らは、農場で作られるオリーブ油などの農作物や貴金属、そして時には女性たちを奪うために、船でプーリア地方を襲ったのだ。海岸に建てられたやぐらで、盗賊団の襲来を告げる早鐘が鳴らされると、この地域のマッセリアでは、畑で働いている小作人たちをかき集め、砦の扉を堅く閉ざした。女たちは、オリーブ油を火にかけて沸騰させる。塀を越えようとする盗賊たちに、煮えたぎったオリーブ油を浴びせるためだ。ドイツなど北ヨーロッパでは、こうした防衛戦で、沸騰したコールタールが武器として使われたものだが、所変われば品変わる。マッセリアでは、収入の源であるオリーブ油が、時には武器にもなったのである。

さて農場はしごの楽しみの一つは、豪勢な夕食である。イタリアの食生活も地方ごとの変化に富んでいるが、プーリア地方では前菜《アンティパスト》を注文すると、野菜を中心に五、六種類の小皿料理が出てくるのが特徴。このあとパスタとメインディッシュとデザートを食べるのだから、少食の人ならずとも降参するかもしれない。

たとえば「イル・フラントイオ」で夕食の席についた客は、油で揚げた玉ねぎとオレンジの皮の前菜や、珍しい白い茄子、ズッキーニの花の油炒め、豆と手打ちパスタのスープなど十一品目からなる、趣向をこらした食事と、農場で作られた二種類のワインを、主人の解説付きで、夜八時半から十一時までかけて楽しむことができる。しかも、メニューは毎晩変わる。二〇〇二年には、これで一人四十ユーロ（四千八百円）だったから、東京のイタリア料理の値段に慣れている人は、びっくりしてしまうだろう。

この農場から車で十分くらいの原野の真ん中にある、別のマッセリア「パルコ・ディ・カストロ」でも、食べきれないくらいの前菜が出てくる。緑の多い中庭のレストランは、このひなびた地域のどこに、これだけの客が隠れていたのかと思うくらい、たくさんのイタリア人で深夜まで賑わっていた。トスカナやエミリア・ロマーニャに比べると、日本ではまだ知られていないプーリア地方は、都会では絶対に味わえない魅力に満ちている。

＊「イル・フラントイオ」（IL FRANTOIO）
TEL　０８３１－３３０２７６
HP : http://www.trecolline.it
アクセス　田園の真ん中にあるので、ブリンディジ空港で車を借りるのが一番である。

旧ユーゴで道草を食ってみる

ミュンヘンからクロアチアへ走る

島国で生まれた私たちにとっては、海を渡らないでもとなりの国に行けるということは、すでに非日常的な感覚である。極端に言えば、ドイツからモスクワやリスボンまでも、自分で車を運転して行けるのだ。その大陸感覚を味わうために、ミュンヘンからクロアチアまでの千二百キロを車で走ってみることにした。

内戦の結果、ユーゴスラビアがいくつかの小さな国に分かれたため、バルカン半島の旅では様々な国を通ることになる。私もわずか二週間でドイツ、オーストリア、スロベニア、クロアチアの四ヶ国を通過したが、国境を越えるごとに、経済水準やインフラが変わって行くのがはっきりわかる。

たとえばドイツの高速道路は、路面の状態が良く、無制限にスピードを出してもよい区間が多い上に、料金は取られない。ところがオーストリアに入ると、速度制限もあるし料金も取られる。ドライバーは、「ビネット」と呼ばれるステッカーを、国境手前の売店で買って、車に貼らなくてはならない。スロベニアからクロアチアに入り、首都ザグレブを越えると、高速道路が終わってしまうので、一般道を何百キロも走らないと、海岸に行くことができない。社会主義経済、そして内戦による混乱で、インフラの整備が大幅に遅れているのである。

最近ドイツ人の間では旧ユーゴ内戦前と同じように、クロアチアの海岸で夏の休暇を過ごすのがはやっている。イタリアに比べて物価が安い上に、ギリシャよりも近くてドイツから車で行けるというのが、大きな利点なのだろう。幹線道路が整備されていないにもかかわらず、観光客が急増しているため、行楽シーズンになると、オーストリアからクロアチアの海岸へ抜ける道は、はげしい渋滞に見まわれる。

実際、私もアルプス山脈を通過するタウエルン・トンネルの手前で大渋滞にまきこまれた。それも車がノロノロ走るのではなく、完璧にストップしてしまう最悪のパターンだ。みな車から降りて、リンゴをかじったり、タバコを吸ったりしている。私は最寄の出口から高速道路を降りると、一般道を通って山並みを越えた。時間はかかるが、高速道路で三時間待たされるよりは良い。車窓からアルプスの景観を楽しむこともできる。こうした事態にも臨機応変に対応できるように、電話帳のように分厚い国際ロードマップが欠かせない。

さてクロアチアの内陸部と、アドリア海の主要都市ザダールやスプリットを結ぶのは、一本の国道だけで、高速道路はない。この国道十三号線はカーブや坂道が多く、見通しが悪い。国道沿いのレストランで食事をしていた時、ポーランドとハンガリーの観光客の車が正面衝突する瞬間を見た。別の場所では、トレーラーを牽《ひ》いた大型トラックが横転しているのを見た。幸いトラックは道路脇の空き地にどけられていたため、道はふさがれていなかったが、国道十三号線がいかに危険な道路であるかを感じた。

また国道十三号線は、もう一つの重苦しい現実を我々に突きつける。旧ユーゴを車で走ると、スロベニア、クロアチア、ボスニアの検問所に次々に行き当たるので、一つの連邦が細分化されて小国がたくさん生まれたことが、肌身に感じられる。さらに国道に沿った村では、内戦終結から六年経った二〇〇一年の時点でも、セルビア人とクロアチア人の間の戦闘で破壊された建物が、数多く残っていた。民家や商店の壁には、スプレーで吹きつけたように無数の銃弾の痕が残っている。砲撃で崩れ落ちて、外壁だけになった建物も数え切れない。

かつては同じ連邦の傘の下で共存していた人々が、民族主義にあおられて理性を失い、殺戮《さつりく》と破壊に走った現場である。旅先で出会った、初老のクロアチア人の教師は「なぜあのような戦争が起こり得たのか、いまだに信じられない」と、はるか遠くを見つめるような表情でぽつりと語った。車窓に映るのは、冷戦後のヨーロッパの混沌を象徴する風景なのである。国道十三号線を無事に通りぬけた後に、眼前に迫るアドリア海は、ことのほか青く澄み切って見えた。

M-RV1457
COLA

ザグレブの誇り

私は神戸でジャーナリストとしての第一歩を踏み出したせいか、坂のある町が好きだ。町のどこにいても、ふと見上げると建物の陰から、緑の山が顔を出すような町に愛着を感じる。ミュンヘンは住みやすいけれども、あまりにも平坦で、慣れないうちは、とらえどころがない。一九九一年にユーゴスラビアから独立したクロアチア共和国の首都ザグレブは坂が多く、ヨーロッパでも私の気に入っている町の一つだ。人口も百万人前後で、神戸とほぼ同じである。

散策する時には、町の北側、丘の上にある旧市街から始める。旧市街へ行くには、緑に覆われた坂道を歩いてもいいし、古風なケーブルカーで町の全景を眺めながら丘に登るのもよい。大統領府など政府機関が置かれたこの一角は、都会の喧騒から切り離されて、静けさを保っている。高台の上のマルコ教会は、屋根が極彩色の模様で飾られているが、この色鮮やかな教会の屋根は、ウィーンやブダペストの教会を連想させた。それもそのはず、クロアチアは特に十九世紀にオーストリア・ハンガリー二重帝国の文化の影響を強く受けていたのである。

クロアチアの歴史は、バルカンの他の国々と同じように、抗争と他民族による支配に明け暮れた複雑な道のりだった。この国は、特にハップスブルグ帝国の一翼であるハンガリーによって、政治的・文化的な支配を受けた。ザグレブは双頭の鷲の下にアグラムという名の一地方都市として編入されたが、独立を求めるクロアチア人たちはハップスブルグ帝政下で、辛酸をなめる。だが同時にザグレブでは帝国の影響下で、工業化とインフラの整備が急速に進み、人口も増加した。その急激な発展の背景には、単にオーストリア・ハンガリー帝国の都市の一つとしてだけではなく、「いずれはこの町を自分たちの国の首都にする」というクロアチア人たちの気概もあったに違いない。彼らの悲願は、二十世紀末になって、ユーゴ内戦での多数の犠牲と引き換えに、達成されたのである。町のあちこちに翻えるクロアチア国旗は、彼らの誇りと強い自我を表わしているように見えた。

マルコ教会から丘の東側の道を降りていくと、カメニタと呼ばれる、重厚な石造りの城門にぶつかる。この門の中には小さな祭壇があり、聖母マリアの絵が安置されている。この絵は、数百年前にザグレブを大地震が襲った時にも、破壊されなかったため、奇跡を信じる人々の信仰の対象になっている。四〜五人の男女が祭壇の前で、一心不乱に祈りを捧げていた。聖母の前で肉親の病気やけがの治癒を祈り、その願いがかなった人々が掛けたのか、信者が灯すロウソクの煙で真っ黒になった門の内壁は、神に感謝する言葉を刻んだ石板で、埋め尽くされていた。意味は異なるが、日本の絵馬を連想させた。

坂を降りていくと、商店や喫茶店が立ち並ぶイエラチッチ広場に出る。内戦中には、ザグレブも砲撃を受けて、数人の死者が出たと聞いたが、セルビア人の猛攻撃を受けたボスニアのサラエボとは異なり、ここには内戦の傷痕は全くと言ってよいほど残っていない。目抜き通りには、あまり旧社会主義国という雰囲気はなく、ボスニアよりも経済状態が高いという印象を受ける。広場から、南へ向かってそぞろ歩く。公園、噴水や街路樹、そしてオーストリア・ハンガリー風の、円蓋や尖塔を持った建築物が、目を楽しませてくれる。中心街の一角にある、オクトゴンという建物に入ってみよう。このアーケード街は、第一次世界大戦前に建てられたもので、天井が彩色ガラスでできているため、柔らかい日光が射し込んでくる。中にある銀行は、二階分の高さを持つ吹き抜け式になっており、クリーム色の柱や内壁とともに、貴族の館のような印象を与える。

多くの都市が失ってしまった、古めかしさと落ち着いた雰囲気を持ち、それでいて一種の華やかさと、若い独立国家としての活気を湛《たた》えたザグレブは、一度行けば忘れられなくなる町である。

アクセス　ミュンヘンなど欧州の主要空港からザグレブへの直行便がほぼ毎日出ている。空港から旧市街までは車で約四十分。

HVALA

クロアチアの海で泳ぐ――ドゥギ・オトク

ヨーロッパ人の間で、海岸のリゾート地として人気を集めているのが、クロアチアのアドリア海沿岸、ダルマチア地方である。ここに来たら、ぜひ島に渡ってみたい。大小さまざまの島が、海岸線にほぼ平行に走り、まるで屏風のように幾重にも並んでいることが、ダルマチア地方の魅力だからである。

その内の一つ、ドゥギ・オトク島へ行ってみた。ザダールの港で車ごとフェリーに乗り込み、デッキでアドリア海の潮風を浴びながら一時間も船に揺られれば、島に到着する。

クロアチア語で「長い島」という意味のこの島には、外国人の観光客はほとんどいない。大半の旅行者は、クロアチア本土からの家族連れである。ドイツなど外国人観光客に人気があるコルチュラ島やブラーチ島に比べると、この島には名所や遺跡がないため、まだ商業化が進んでおらず、社会主義時代のユーゴスラビアの保養地らしい、のんびりした雰囲気が色濃く残っている。観光客目当ての土産物店も、客引きの立つレストランもない。

そのかわり、観光地化していない自然環境の中で、思う存分に泳ぐことができるのは、大きな利点だ。ドゥギ・オトク島の南東部は、国立公園に指定されている。このコルナーティ国立公園には村すらなく、羊飼いや農民の家が三百棟ばかりあるにすぎない。島内の陸地沿いにコルナーティに行くのは難しいため、サリの港などから出ている船に乗るのが、最も手っ取り早いだろう。

コルナーティ国立公園には、約三百平方キロメートルの海域に、百五十もの島や岩礁が点在している。数万年前に、氷河期が終わって大量の氷が溶けて水位が上昇したために、海の中に取り残された、山の頂上である。

奇妙なのは、島にほとんど樹木や草原がないことだ。その背景には、古代ローマ人が行った「自然破壊」があると言われる。船舶の建造のために、大量の木材を必要とした古代ローマ人は、ダルマチア地方の樹木を大量に伐採した。その後これらの島に緑が再生することはなく、土も風雨によって洗い流されてしまい、ほとんどの島が巨大な岩山のようになっている。古代の乱開発が、群青色《ぐんじょう》の海にベージュ色の岩山がぷかりぷかりと浮かぶ、奇観を生んだのである。

コルナーティという地名には王冠を意味するコロナという言葉と似た響きがあるが、海に浮かぶ無数の岩山は、たしかに冠を連想させる。アイルランド出身の劇作家ジョージ・バーナード・ショーも、「神は世界を創造した後、天地創造の最後を飾る王冠として、涙と星と風を使って、コルナーティを造られた」という詩的な言葉で、この地を訪れた印象を書き記している。

私は水泳が好きなので、ヨーロッパのあちこちで泳いでいるが、ドゥギ・オトク島の入り江はトップクラスに属すると思う。クロアチアの海岸には石灰岩が多い。つまり水底が白い岩なので、浅瀬に日光が射し込むと、水がエメラルド・グリーンや、コバルト・ブルーに輝いて見えるのだ。水が透き通っているため、魚の群れが泳いでいるのを観察できる。波もほとんどなく、湖で泳いでいるかのようだ。

海岸にはビーチパラソルや寝椅子もないので、南フランスのリゾート地のように、一日三千円の貸出料を取られることもない。イタリアの海水浴場のように、物売りがやってきてバスタオルやアクセサリーを売りつけようとすることもない。聞こえるのは、松林の鳥のさえずりばかり。人がほとんどいない海岸で、沖に停泊する白いヨットを眺めながら、ゆっくりと泳いでいると、心にたまった都会生活の垢が、洗い落とされていく。

またバルカン半島の人々は、たいてい人情があつく旅人にも親切である。その意味で、ダルマチア地方を、「中部ヨーロッパのギリシャ」と名づけてもおかしくないような気がする。まだ日本人がほとんど足を踏み入れていないクロアチアの海岸の静けさを、ぜひ一度味わってみて欲しい。

アクセス　ザダール港からフェリーで一時間。

KORNATI
KORNATI

アドリア海の真珠――ドゥブロフニク

かつてユーゴスラビア連邦に属していたクロアチア共和国は、平仮名の「く」の字のような形をしているが、南側の先端に、南東ヨーロッパで最も美しい都市の一つ、ドゥブロフニクがある。遠くから見ると、堅固な城壁で囲まれたこの街は、まるで海に浮かぶ船のように見える。急な石段を登って城壁のてっぺんにたどり着くと、目の前に屋根瓦の海、壮麗な教会や宮殿のパノラマが広がる。壁の外側に目を転じれば、アドリア海の青さが目を射る。大海原を借景とした古都は、なんと贅沢な組み合わせだろうか。特に町が美しくなるのは、夕刻である。紺碧の海を背景に、教会の鐘楼が夕日を浴びてオレンジ色に輝いている様子は、「アドリア海の真珠」というドゥブロフニクの別名にふさわしい。

ルザと呼ばれる広場に立って辺りを見回すと、大理石のアーチが美しい領主の館や市庁舎が、目に飛び込んでくる。ベニスにもよく見られるアラブ風の装飾が、異国情緒をかもしだしている。ドゥブロフニクは十七世紀の大地震で破壊されたが、それ以降再建された街は、建築様式が統一されている。街を東西に横切る目抜き通りにも、コンクリートで作られた現代的な建物はひとつもなく、調和が取れた景観を生み出している。ユネスコが町全体を世界遺産に指定したのも、うなずける。

ドゥブロフニクの起源は七世紀にまでさかのぼるが、町が最も栄えたのは、十世紀頃である。当時ラグーサ共和国と呼ばれたこの都市国家は、交易と海運業によって隆盛を誇った。ラグーサの歴史で興味深い点は、戦争ではなく、たくみな外交と貢納によって、自治権を維持したことである。たとえば十五世紀に、現在クロアチアやセルビアにあたる地域の大半は、オスマン・トルコに征服され、自由を失った。これに対しラグーサ共和国の支配者たちは、戦争は利益をもたらさないと判断し、トルコに対し一種の「年貢」を支払うことによって、懐柔することに成功する。また、周辺の共和国と協定を結んで、当時の大国ベネチアによる征服も免れた。

この結果、ちいさな都市国家は、フランスの支配下に置かれるまでの約三百年間にわたり、独立を維持することができたのである。町の城壁に刻まれた「たとえ世界中の黄金を与えると言われても、自由を売ってはならない」という言葉は、外交手腕と経済力によって、異民族による支配を免れてきたラグーサ人の哲学を象徴している。

だが二十世紀の後半に、冷戦終結後の欧州の変化が、ドゥブロフニクに未曾有の荒廃をもたらした。一九九一年、クロアチアの独立に反対するセルビア人武装勢力とユーゴスラビア連邦軍が、この町に千発近い砲弾を撃ち込んだのである。町の背後の山や、海上の軍艦からの砲撃は、市民ら二百二十人余りの命を奪い、中世からの修道院など文化財にも大きな被害を与えた。

一九九一年十月にドゥブロフニクは包囲され、外部との通行はおろか、電力や水道の供給まで断たれた。冷戦後の欧州で、中世を思わせる兵糧攻めが、十三ヶ月も続いたのである。今日ドゥブロフニクは美しく修復され、砲撃の傷痕はほとんど見当たらない。石畳に砲弾が開けた穴が、アスファルトで埋められていたり、一部の壁に弾痕が残っていたりする程度である。ただし、城壁の上から街を見渡すと、古い建物には不釣合いな、新品の屋根瓦が多いことに気がつく。古い屋根瓦は、長年の風雨と陽光にさらされて、黄土色、もしくはベージュ色に変わっているが、新しい屋根瓦は、鮮やかなオレンジ色なので、すぐに見分けがつく。そう考えて街を眺めると、ほとんどの建物が砲撃で損害を受けたことがわかる。

アドリア海の真珠が中世のたたずまいを取り戻したのは喜ばしい。しかし民族対立の結果とはいえ、同じ国に属していた市民と、京都に比肩できるような文化都市に、平然と砲弾を浴びせる人類の愚かさには眉をひそめざるを得ない。特にそれが戦後半世紀にわたって、様々な民族の共存が続いていた地域で起きただけに。

アクセス　ドゥブロフニク空港からバスで三十分。

サラエボの傷痕

二〇〇一年三月七日、私はボスニア・ヘルツェゴビナ共和国の首都、サラエボの空港に降り立った。民間機用のレーダーとは別に、緑褐色に塗られた軍事用の移動式レーダーが滑走路の脇に置かれており、米軍のハーキュリーズ型輸送機が離着陸している。ミュンヘンからのルフトハンザ機からタラップを降りる乗客の間にも、ビジネスマンより、迷彩服を来たSFOR軍、つまりボスニアの平和を維持するための停戦監視軍の将校や、国連職員が目立つ。

一九九一年から五年間にわたり旧ユーゴスラビアを揺さぶった内戦の中でも、サラエボをめぐる攻防戦は最も悲惨な出来事の一つであった。セルビア系、回教徒系、クロアチア系の市民が共存してきたボスニアで、ボスニアのユーゴからの独立に反対するセルビア人の民族主義者が、一九九二年から約四年間にわたりサラエボを包囲したのである。セルビア人はサラエボを囲む山の上に陣取り、戦車、大砲、機関銃で町に連日攻撃を加えた。この包囲戦で五十万人の市民の二%にあたる一万人あまりが死亡し、五万人以上が重軽傷を負った。なお死者の内、およそ千六百人は子どもである。

私の胸をついたのは、サラエボの包囲が解かれてから五年経った時点でも、戦争の傷痕が街の至る所に残っていることだった。空港から街の中心へ向けて車で走ると、真っ黒に焼けただれた二十階建ての高層ビルが目に飛び込んでくる。砲撃で破壊された共和国議会の建物だ。外壁には砲弾や機関銃弾の痕が生々しく残り、ガラスは残らず割れている。資金不足のために、取り壊すことすらできないのだ。私の目にはこの廃墟が、広島の原爆ドームのように、戦争の愚かさを告発する記念碑となっているようにも見えた。街のあちこちに、このような高層ビルの骸が、まるで墓標のように立っている。

中心街を歩くと、商店は買物客で賑わい、喫茶店には若者たちが集っているのでほっとさせられる。しかしここにも、戦争の傷痕は残っている。たとえば高級ホテル「エフローパ」は、砲撃で破壊された後の、廃墟のままである。ボスニアがオーストリア・ハンガリー帝国の支配下にあった時代に建てられたこのホテルは、サラエボで最も格調高いホテルとして人々に愛されてきたが、今では外壁が、黒く焼け焦げた姿をさらすのみである。憂鬱にさせられるのは、繁華街の真ん中ですら、住宅や商店、ビルの壁に銃弾や砲弾の痕が、無数に残っていることだ。弾痕のない建物は、ほとんどないようにすら思える。ホテルの金属製のシャッターには、迫撃砲弾の破片が醜い穴をえぐり、歩道にも、砲弾が炸裂した痕が残っている。砲弾の穴を埋めたコンクリートには、赤い色素が混ぜてあるため、まるで血液が飛び散ったようにも見える。コンクリートをわざと赤くしてあるのは、この街が戦場だったことを、人々に伝えるためであろう。

この街では買物のために外に出るだけでも、狙撃兵に射殺される恐れがあった。パンや水を求めて集まった市民の列の中に、砲弾が落ちることも珍しくはなかった。一九九五年には、買物客で賑わっていた食品市場を迫撃砲弾が直撃し、約四十人の市民が死亡した。この事件は、NATO（北大西洋条約機構）がセルビア人武装勢力に初めて空爆を加え、サラエボの包囲を解かせるためのきっかけとなった。バルカンへの武力介入をためらっていた欧米諸国も、流血をこれ以上拱手傍観することはできないと考えたのである。私が訪れた時、その市場は、何事もなかったかのように、花や果物、野菜を買う市民で賑わっていた。建物で囲まれたこのような狭い場所で、砲弾が炸裂した時に生じる血の海を想像して、ぞっとした。

現在サラエボで売られている市街地図には、砲撃で多数の市民が犠牲になった場所に、必ず印が付けられている。未来の世代への、そして長い間軍事介入をためらっていた欧米諸国への無言の警鐘だ。あるボスニア人の女性は、険しい表情で言った。「戦争のことはなるべく考えたくない。未来を見つめて生きたい」。物腰が穏やかで親切なボスニア人たちの表情には、ふと暗い影が落ちることがある。私には、それが千三百九十五日間の地獄を経験し、友人や家族を失ったサラエボ市民の、傷のうずきのように見えた。

民族のモザイク――サラエボ

ボスニア・ヘルツェゴビナ共和国の首都・サラエボの中心街。私は、バシュチャルシャと呼ばれる、この街で最も古い地区を歩いていて、まるでヨーロッパではなく中東の国にいるような錯覚に襲われた。あちこちにモスク（回教寺院）が立ち並び、鉛筆のように先端が鋭いミナレット（尖塔）が、そびえている。夕方になると、塔の先に取り付けられたスピーカーから、コーランを読む声が街角に響き渡る。街で最大のモスク「ベゴヴァ・ジャミヤ」の周りには、回教徒がコーランを学ぶための学校や、手を清めるための泉がある。

またバシュチャルシャ地区には、トルコでよく見られるように、狭い路地に木造の小さな商店や喫茶店、小料理屋が立ち並び、バザール（市）のような活気が満ちている。低い軒の下で、人々が縁台のようなベンチに腰掛け、土のようにドロリとしたトルコ風コーヒーを飲んでいる。煙突からは、もくもくと立ち上る煙とともに、肉を炭火で焼く匂いが漂ってくる。

このように、ヨーロッパらしからぬ、中東風の雰囲気が漂っている理由は、この街が中世にオスマン・トルコの支配下に置かれたことである。十六世紀のサラエボは、百のモスク、七十の学校、七つの公衆浴場を持つ大都市に発展した。またこの街は、中世以来、ベニス、ウィーン、中欧、地中海沿岸からの商人たちが、旅の途中で休息したり、東西の品々を持ち寄って売買したりする街としても栄えた。バシュチャルシャ地区には、十六世紀以来、商人たちが物を売り買いした中東風の公設市場の建物が残っており、今も商店街として使われている。また中世のサラエボの特徴は、様々な宗教を持つ、異なる民族が共存していたことである。今日のバシュチャルシャ地区を見ても、回教寺院だけでなくカトリック教会、シナゴーグ（ユダヤ人教会）などが立ち並んでおり、多文化都市であったことを実感させる。

さらにこの地区から西へ歩くと、ハップスブルグ帝国が君臨した時代の建物が多くなる。ウィーンで見られるような、アールヌーボー風の装飾や塔を持つ建築物が目立つ。さらに西へ歩き、ノービ・グラード（新しい街）と呼ばれる地域に入ると、第二次世界大戦後、社会主義の時代に建てられた、あじけない高層ビルが立ち並んでいる。つまりサラエボでは、街を東から西へ向かって歩いていくと、建物がトルコ風、オーストリア風、社会主義風という具合に変わっていくので、時代の変遷を肌で感じることができるわけだ。

この時間旅行の中で忘れてならないのが、ミリャッカ川にかかる、ラティンスカ橋の北側の歩道である。この場所で一九一四年六月二十八日に、セルビア人の青年が、ハップスブルグ帝国のフランツ・フェルディナンド大公夫妻に向けて発射した銃弾が、欧州を第一次世界大戦に突き落とした。社会主義時代のユーゴスラビアでは、暗殺犯を英雄視して、その足跡を刻んだプレートが、この場所に設置されていたが、九〇年代の内戦後は、犯人がセルビア人だったということもあり、撤去されている。

ボスニア・ヘルツェゴビナで、長年共存していた民族同士が殺し合いを始めたのはなぜだろうか。ボスニアの民族構成は複雑だった。回教徒系ボスニア人が四十九％、セルビア系が三十一％、クロアチア系が十七％と、正に民族のモザイクである。

同じユーゴスラビア連邦に属していたスロベニアでは、ボスニアほど激しい紛争が起こらなかった。その理由の一つは、住民の大多数がスロベニア人だったことである。それとは対照的に、ボスニアでは、どの民族も圧倒的多数を占めていなかった。このため、チトーの死後連邦の結束が弱まり、スロベニアとクロアチアが独立したことで、ボスニアに住んでいたセルビア系市民が、「ボスニアも独立したら、自分たちが不利な立場に追い込まれる」という不安感を抱き、ミロシェビッチの民族主義思想に踊らされて、武装闘争に突っ走ってしまったのである。この国を文化的に豊かにしてきた民族の多彩さが、流血の事態を招いたのは、なんともやりきれないことである。

アクセス　ミュンヘンなど欧州の主要空港からサラエボへの直行便がほぼ毎日出ている。空港から旧市街までは車で約四十分。

SFOR

バルカンと炭火焼

クロアチアやボスニアの人々は、炭火を使ったバーベキューが大好きだ。これらの国々を旅すると、民家の庭に必ずといって良いほど、肉を焼くためのグリル台があることに気がつく。雨が降っても火が消えないように、屋根がついており、高い煙突が突き出ている。煉瓦で作られていることもあれば、ブリキのような金属製の場合もあるが、共通しているのは、必ず木炭を使うこと。幹線道路に沿ったガソリンスタンドや、食堂の前にもでんと置かれて、昼時ともなれば肉の焼ける香ばしい匂いを放つ。時には、くし刺しにされた子羊が、丸焼きにされており、ドライバーを誘う。民宿に泊まっても、宿泊客が共同で使うグリル台があるほどだから、ちょうど日本で言えば炊飯器のように、この国の食生活には欠かせない道具なのであろう。

ユーゴの代表的な庶民の味を挙げるとしたら、チョバプチッチという肉料理を忘れることはできない。地方によって作り方が異なるが、本場であるボスニア・ヘルツェゴビナのチョバプチッチは、牛の挽肉に、にんにく、パセリなどを混ぜた物を、長さ七センチ前後の棒に固めて、炭火で焼いたものである。元々ボスニアの地元料理だが、元ユーゴ連邦に属していた国の食堂ならば、たいていメニューに載っている。

ボスニア人によると美味しさの秘密は、必ずグリルを使い、炭火で焼くこと。焼いている間に、油が格子や網を通して、下に落ちるからである。実際、クロアチアの田舎も含めて、あちこちでチョバプチッチを食べてみたが、一番おいしいと感じたのは、サラエボの下町の、回教寺院が立ち並ぶバシュチャルシャ地区だった。この場所に来ると、煙突からチョバプチッチを焼く煙がもくもくと立ち昇り、肉が炭火で焼かれる香ばしい匂いが漂っている。

クロアチアと違って、サラエボのチョバプチッチは、ピタと呼ばれる、袋のようになった中東風のパンと、たまねぎのみじん切りと一緒に出される。木炭の香りがほんのりと漂う。脂が抜けているので、ふわっとした焼き上がりで、しつこくない。まるで蒲鉾《かまぼこ》でも食べているような歯応えで、ビールによく合うのだ。木造の料理店の店先で、サラエボっ子たちに混ざって、縁台のようなベンチに腰かける。日本でいえば、ラーメン屋か餃子専門店へ行く感覚で、ボスニア人たちが買物や散歩がてらに立ち寄って、チョバプチッチを食べては、おしゃべりに興じている。勘定書きを見て、びっくりした。二〇〇一年夏のサラエボでは、チョバプチッチ十個とミネラルウォーターを頼んで、二百五十円しか取られなかった。二〇〇二年の時点で、ボスニアはマクドナルドの支店が一軒もない、欧州でも数少ない国の一つだが、米国の巨大資本といえども、この安くて美味しい庶民の味に対抗するのは、容易なことではあるまい。

この他、日本やドイツではあまり知られていない料理としては、ボスニア人が通称「クレープ」と呼ぶ肉料理がある。水餃子のようなものに、にんにく入りのクリームをかけてアツアツのところを食べる。これもサラエボの下町のレストランで食べたが、日本人の口に合う。

また旧ユーゴへ行ったら、都会だけでなく田舎のレストランにも行ってみて欲しい。ある時、ミュンヘンから車で約二十時間走って、アドリア海のブラーチ島に行ったことがある。インターネットで見つけた一泊三千円の民宿は、舗装道路を外れて、土と砂利のでこぼこ道をさらに七キロ走らなくてはいけない、辺鄙《へんぴ》な場所にあった。がけっぷちの道にはガードレールもなく、二台の車がようやくすれ違うことができるほどの幅しかない。民宿の近くには、簡素なグリル・レストランがあった。山の斜面の途中に建てられているため、目の前には雄大な海原がひろがっている。葡萄のつたで覆われたテラスに座り、海を行き交う船を眺めながら、ビールを飲み、焼肉にかぶりつけば、長い運転の疲れも吹き飛んでしまう。日本人観光客のほとんどいないバルカン半島で、一度肉料理を味わってみてはいかがだろうか。

アクセス　ブラーチ島へはスプリット港からフェリーで約一時間。

ピタ・ブレッド
チョバプチッチ
玉ネギのみじん切り

東欧の優等生――スロベニア

ある夏の日の黄昏《たそがれ》どきに、スロベニア共和国の首都ルブリャナを散歩してみた。街のシンボルである羽根の生えた竜の彫刻が、橋の欄干などに陣取って、人々をにらみつけている。アールヌーボー様式の建物が立ち並ぶ街には、オーストリアのような雰囲気がただよっている。街の中心部を流れる川に沿って、若者たちがアイスクリームを食べたり、散策を楽しんだりしており、活気がある。同じくユーゴスラビアに属していたボスニアの首都サラエボや、クロアチアの首都ザグレブに比べても、ルブリャナには一段と洗練された趣がある。

スロベニア共和国の人口は、わずか二百万人。一九九一年にユーゴスラビア連邦から独立して誕生した、超ミニ国家の一つである。旧ユーゴでも、最も人口が少ない国だが、経済的には、天に駆け上る竜のようなパワーを秘めている。この国では国民一人あたりの国内総生産（GDP）が、二〇〇〇年の時点で九千百八ドルに達しており、東欧・中欧の旧社会主義国の中で、最も豊かな国として知られている。たとえばこの額は、ポーランドの国民一人あたりGDPの、二・二倍にあたる。また経済成長率も四・六%と好調である。スロベニアの企業は、クロアチアやボスニアなどバルカン半島の他国の企業を次々に買収しており、旧ユーゴで最も経済的に羽振りが良い。オーストリアやドイツに近いせいか、勤勉な国民性でも知られている。
ルブリャナ大学で経済学を教えている、スロベニア人のT女史は、独立後ただちに米国の大学に留学を許された、若きエリート。自信に満ちた口調で、力強い経済成長の背景をこう説明してくれた。「スロベニアは、ユーゴスラビア連邦に属している時から、最も経済状態が良い共和国でした。ユーゴ連邦の末期には、中央政府が経済政策に失敗したことから、インフレ率が千%という極端な状態になりましたが、独立によって経済は急速に回復し、今ではインフレ率も六%前後に下がっています。一人あたりの国内総生産が高い理由は、西側の自動車メーカーなどに部品を供給する産業が、スロベニアで急速に育っているからです」。なるほど、ユーゴが分裂する前からすでにスロベニアは経済的な優等生だったのである。

スロベニア経済が、他の東欧諸国と大きく異なる点の一つは、ポーランドやハンガリーなど他の国々が国営企業の民営化と外資の導入を通じて、経済成長を達成しているのに対し、スロベニアは外国資本をあまり必要としなかったことである。たとえば銀行や通信、金属工業など経済の主要分野が、独立後も長期間にわたり、政府の管理下に置かれていた。二〇〇二年三月の時点でも、生産手段の五十%が国営企業に属していたほどである。つまり民営化と外国企業による直接投資は、他の東欧諸国ほど進んでいなかったのだ。しかしスロベニアは、二〇〇四年にはEU(欧州連合)に加盟することが決まっている。このため、今後EUからはもっと民間活力を利用するべきだという要求が強まり、民営化も進むことは間違いない。

スロベニア人たちは、中世に国家を作ったクロアチア人やセルビア人とは対照的に、長い間自分たちの国を持つことが出来ず、オーストリアなど様々な地域に分散して、少数民族として生きてきた。彼らが二十世紀末に、ユーゴスラビアからの独立に踏み切った背景には、民族主義もさることながら、セルビアやボスニアなど経済的・政治的に不安定な国々と袂《たもと》を分かち、経済的な安定と繁栄を勝ち取ろうという思惑もあったに違いない。

「我々がユーゴスラビアから独立する意思を明らかにした時、セルビア軍は、ルブリャナ上空に戦闘機を飛ばして、威嚇しました。しかし我々スロベニア人は、仮にセルビア軍が攻めてきても、独立のために戦うつもりでした」。Tさんの言葉には、独立を勝ち取り、繁栄への道を歩みつつある若い国家の、強い自信が込められていた。私はルブリャナの橋の上で、元気いっぱいの竜の彫刻を見るたびに、彼女の未来への希望に満ちた口調を思い出すのである。

アクセス　ヨーロッパの主要空港からルブリャナ空港への直行便がほぼ毎日出ている。空港から旧市街まではタクシーで三十分。

GDP
SLOVENIA
YUGOSLAVIA

自家製特派員のドイツ探訪

宮殿で泳ごう――バーデン・バーデン

ドイツ西部の森林地帯は、粉砂糖をまぶしたように、雪でおおわれていた。その一角にある、なだらかな山並みに抱かれた小さな町から、零度以下の空気にあらがうように湯煙がたちのぼっている。二千年の歴史を持つ保養地として知られるバーデン・バーデン。紀元一世紀頃にこの地に進出したローマ人たちは、水温が七十度にも達する温泉を発見した。

すでに当時から鉱泉水に入浴することは、身体に良いと信じられていたようで、ローマ人がアクエーと名づけたこの集落は、現在のストラスブールに駐屯していたローマ軍兵士の保養地として発展した。特にローマで大浴場を建設したカラカラ帝の時代には、アクエーにも大理石を使って浴場が建設された。冬には気温が零下二十度まで下がることもあるこの地で、アクエーの温泉は、故郷を遠く離れ、蛮族との戦闘で心をざらつかせていたローマ軍の兵士たちに、束の間の憩いを与えたに違いない。この町には、今でもローマ人が築いた浴場の壁の跡が残っている。

さて、この町を囲んでいる丘のふもとに、彫像をふんだんに配したルネサンス風の建物がある。何も説明を聞かなければ、美術館か宮殿にしか見えない豪壮な建物だ。これが、フリードリッヒ浴場と呼ばれるドイツで最も豪華な公衆浴場なのである。ちょうどローマ人が作った古代浴場の遺跡の上に建てられている。一八七七年にフリードリッヒ・フォン・バーデン公爵の命によって建設された浴場は、蒸気風呂や休憩室など三十近い部屋に分かれており、十九世紀の建物らしくどの部屋も天井が高く、広々としている。蒸気風呂はフィンランド風のサウナとは異なり、木材が一切使われておらず、人々はオリンピックの表彰台のような階段の上に、立ったり座ったりしている。室温は四十八度とフィンランドのサウナほど暑くはない。それでも、ミントのようなハーブの香りを含んだ蒸気が、部屋の一角からもうもうと立ちのぼり、猛烈な湿度のために、五分間も立っていると全身から滝のように汗が流れ落ちる。

ここで身体を十分に温めた後、迷路のような部屋を抜けて、フリードリッヒ浴場の中心にある、大理石の円形プールに飛び込む。天井を見上げると、ローマのパンテオンかサン・ピエトロ寺院の円蓋を思わせる巨大なドーム。教会の中にでもいるかのように、人々の声や水音がこだまする。このローマ風の丸屋根の下で、ハーブの香りをかぎながら泳ぐ気分は格別である。おそらく世界で最も贅沢なプールではないだろうか。

その隣部屋のプールの水温は三十六度で私にはちょっとぬるすぎたが、ギリシャ風の彫刻を眺めながら、ぬるま湯にぼんやりと身体をひたすのも悪くはない。また蒸気風呂で汗を流した後、水温十八度の冷水プールに飛び込むのも、身体が一気にひきしまり爽快である。二十ユーロ（約二千四百円）で三時間入っていられるので、部屋から部屋へとめぐって、何回も温度の異なる浴槽につかれば、しばし俗世間を忘れることができる。浴場が混雑して芋の子を洗うような状態になるのを避けるために、入場制限によって内部にいる客の数を厳密にコントロールしたり、着替え室やシャワー室などを、極めて清潔な状態に保ったりしている点も実にドイツ的である。

もう一つドイツならではの側面がある。それは、フリードリッヒ浴場では月曜日と木曜日を除くと、常に男女混浴であるという点だ。しかも水着の着用は禁止されている。私が訪れた時も、老若男女が全裸でゆうゆうと泳いだり、湯浴みをしていた。こういう所に来ると、ドイツ人には裸体に対する羞恥心というものがいかに少ないかが、よくわかる。ドイツではＦＫＫ（裸体文化）という運動が戦前から存在し、全裸の日光浴や水泳が社会の中で公認されているのだ。日本人は、前を隠したり、おどおどしたりしているのでとても目立つが、ドイツではむしろ堂々とした方がいいようである。慣れるとわかるが、水着なしで泳ぐのは、実に気持ちが良い。その意味でも、フリードリッヒ浴場での三時間は、日本人には貴重な異文化体験となるだろう。

アクセス　フランクフルト・アム・マインから特急ＩＣＥで一時間半。

バイエルンの奥座敷——ロタッハ・エガン

湖に沿った散歩道を歩いていると、反対側の岸辺で三人の男たちが、地面に届くほど長い木製のホルンのような楽器を吹き始めた。三人とも、バイエルン風の民族衣装である革の半ズボンをはいている。この地方の伝統的な楽器の練習でもしているのだろうか。三人の前を通る遊覧船も、邪魔をしないように、演奏が終わるまでエンジンを切っている。三人がホルンを吹き終わると、船のデッキの観光客たちから拍手が起こり、船長がエンジンをスタートさせた。

アルプスの山並み、青空を水面に映すテーガン・ゼー（湖）、教会の尖塔、そしてのどかなホルンの音色。バイエルンのイメージを絵にしろと言われた時に、だれでも一番に思いつきそうな風景なので、いささか面映くなってしまうほどだ。ミュンヘンから南西に五十キロ。車でわずか一時間走るだけで、このような美しい湖水地帯が広がっている。

ミュンヘンに来る日本人は多いが、ロタッハ・エガンまで足を延ばす人はめったにいない。ミュンヘン周辺の他の湖に比べると若干交通の便が悪いので、観光客が比較的少ないのだ。しかもこの地域は高級保養地として知られており、物価が高い。町の中を歩けば、一泊五百ユーロのホテルやブランド商品を売るブティックが軒を連ねていることに気がつく。ホテル・エガナーホーフ内の「ディヒターシュトゥーベ」のように、グルメ向けレストランもあるので、週末に一泊してワインや料理を味わうという楽しみ方もある。

いわばバイエルンの軽井沢のような場所なのだが、軽井沢よりもさらに玄人《くろうと》というかインサイダー向きの土地である。ミュンヘンの大企業が研修場所として好んで利用するほか、バイエルンの保守政党CSU（キリスト教社会同盟）もこの近くのヴィルトバート・クロイトという町で毎年一月に戦略会議を開く。

社会主義時代の東ドイツで、東西間の秘密交渉の立役者として知られ、ベルリンの壁崩壊後に身の危険を感じて、西ドイツの情報機関に寝返ったシュタージ（国家保安省）の幹部も、ロタッハ・エガンに住んでいる。「知りすぎた男」はバイエルンの奥座敷に身を隠したのである。この人物は西ドイツからの金と引き換えに、東ドイツの政治犯を西側に釈放する冷戦時代の「人身売買」や、武器取引にも関わっていた。このように複雑な経歴を持つ人物が住んでいるところも、玄人が好むロタッハ・エガンらしい。

私が好きな散歩道はテーガン湖の南の端にある。鴨などの水鳥が遊ぶ湖水は美しく澄んでいて、夏にはアルプスの山並みを見ながら水泳を楽しむことができる。また人が少ない早朝に、朝日が山々をオレンジ色に染めていくのを見ながら、湖沿いの道でジョギングする気分は最高である。昼には、湖の東側の丘にあるホテル・バイエルンへ行こう。このホテルのテラス・レストランで湖を見下ろしながら食事をするのは、夏の大きな楽しみの一つである。このホテルはある貴族が狩猟のために建てた屋敷を改造したものなのだが、プライベートな雰囲気が大人の旅にはふさわしい。こういう絶好のポジションを選んで別荘を作ってしまう貴族の美的感覚には、やはり脱帽せざるを得ない。

ミュンヘンに来たら、ノイシュヴァンシュタイン城のような観光名所を訪れるだけではなく、ロタッハ・エガンのような町に一週間でも滞在すれば、心の洗濯になることは間違いない。その際にぜひ旅行カバンの中に入れて持ってくるべき物は、名所旧跡を一つでも多く見ようという、性急な野心ではなく、自然を愛《め》でる、もしくは日頃忙しくてなかなか読めない本をじっくりと楽しむような心のゆとりである。ホテルで朝食をとって「今日は何もすることがない」とあせるのでは失格。何もすることがないことを、むしろ幸運に感じるようでなければ、ヨーロッパでの休暇を満喫することはできない。心のギヤチェンジをして減速すれば、日本での日常生活とは違った速度で時間が流れて行くのを、肌で感じることができるだろう。

アクセス　ミュンヘンから電車で約一時間半（ロタッハ・エガン駅下車）。車では約一時間。

削られる保養地――ズィルト島

ドイツの北のさいはてに、釣り針の形をした、細長い島がある。見渡す限りの砂丘と灌木《かんぼく》に、海からの強い風が吹きつけてくる。ドイツ人にとってズィルト島は、海辺の保養地の代名詞である。私の知人の歯科技工士も、毎日義歯を加工する細かい作業の連続で、視力が低下したため、三週間ズィルト島で転地療養し、真っ黒に日焼けして帰ってきた。

この「クアー」つまり転地療養は、日本ではあまり一般的ではないが、トーマス・マンの『魔の山』に見られるように、ドイツではごく普通に行われている。ドイツの会社や役所では、三十日つまり六週間の有給休暇が保障されているが、病気になって医師が「転地療養が必要」と診断した場合には、この休暇以外に、数週間にわたって山岳地帯や海岸地方に行き、指定された療養用ホテルに滞在して治療を受けることができる。たとえば三週間喘息《ぜんそく》の治療のために、療養生活を送ったとしても、その間の治療費ばかりでなく、ホテルの滞在費までも、原則として健康保険でカバーされる。

また療養のために会社を長期間休んでも、最高六週間までは給料が支払われる。企業の活動に全く寄与しない療養中の社員に対しても、何週間にもわたって給料が支払われるという制度は、日本人の目には、企業にとって過重な負担を強いているように見える。しかし、これはドイツのサラリーマンや労働者が勝ち取った権利であり、ビスマルク以来の高福祉国家の伝統なのである。

さてズィルト島は南北わずか三十七キロメートルの小さな島である。このため自転車を借りて、北から南まで走ってみると良い。海と砂丘だけの荒涼とした風景の中で何日か汗を流せば、都会での憂さはきれいさっぱり忘れることができるだろう。

またちょっと面白いのは、ズィルト島と本土を結ぶヒンデンブルグ堤防である。一九二七年に作られたこの堤防の上には、鉄道線路が敷かれているので、自動車ごと貨車に乗り込んで、島へ渡ることができる。線路の両側は見渡す限りの海。その真ん中を、列車が走って行く。北海の強い風を利用した風力発電のための巨大なプロペラが、茫漠たる海岸に林のように立ち並んでいるのが見える。運賃はやや高いが、車の中に座ったまま、海の上を突き進んでいくという体験は、やってみる価値がある。

保養地ズィルト島の砂浜の風景に欠かせないのが、「浜辺の籠」と呼ばれる屋根付きの二人がけベンチである。強風が吹いたり雨が降ったりしても、海岸の風景を楽しむことができるように、座席がすっぽりカバーで覆われて、小部屋のようになっている。ベンチの下には引き出しが二個付いていて、靴や本などを入れることが出来るようになっているのも、空間をむだにしない、ドイツらしい工夫である。このベンチに座ってみると雨風を避けるだけでなく、周りの観光客たちから、自分たちを隔離する効果があることもわかる。このベンチが浜辺に無数に立っている風景は、なんとなく個室が海岸に並んでいるようにも見える。つまりドイツ人たちは観光地に来ても、他人に干渉されない、自分たちの領域を厳格に守ろうとしているのだ。「浜辺の籠」は、個人主義が強いドイツらしいベンチである。

さてズィルト島は、千年前には本土の一部だったが、海水に浸食されて陸地から切り離されたものと考えられている。この浸食活動は今も続いており、ズィルト島は北海の荒波によってどんどん削られている。島が毎年失う砂の量は、百万立方メートルに達すると言われる。そこでドイツ政府は、毎年四百五十万ユーロ（約五億四千万円）の費用を投じて、海底の砂をポンプで吸い出し、陸地に戻す作業を続けている。こうした努力も、自然の猛威の前には焼け石に水かもしれない。もしも地球の温暖化で水位が上昇するとしたら、島の浸食に拍車がかかる恐れもある。

人々に愛されているズィルト島を生んだ自然が、島そのものを呑み込んでしまうかもしれない。あと何世紀か後にこの美しい島が海中に没しているとしたら、たいへん残念なことである。

アクセス　ハンブルグからは電車で三時間から四時間。ミュンヘンやフランクフルトからズィルト島へ向かう飛行機の直行便も多く出ている。

SYLT

よみがえる王都——ドレスデン

私の前に、ドイツで出版された二冊の写真集がある。その内の一冊、一九〇〇年頃のドレスデンを撮影した絵葉書を集めたアルバムを見ると、この街が「エルベ河畔のフィレンツェ」と呼ばれた理由がよくわかる。聖母教会の巨大なドーム。王宮や教会の尖塔が、優美な姿を川面に映す。男女の彫像を無数に配置したバロック建築の傑作・ツヴィンガー宮殿。百年前のドレスデンの美しさに感動すればするほど、もう一冊の写真集「カメラは告発する」がとらえた空襲で破壊されたドレスデンの映像に、深い怒りと悲しみを覚える。

一九四五年二月十三日に米・英空軍が行った猛爆撃によって、十七世紀以来の文化都市は、灰燼に帰した。歴史的建築物はほとんど破壊されたか、著しい損傷を受けた。聖母教会も、爆撃による直接の破壊は免れたが、火災による熱で石材が劣化したのか、空襲が終わった後に、年老いた象が力尽きて倒れるように、ひとりでに崩れ落ち、巨大な瓦礫の山と化した。

犠牲者の数も多かった。死者の数は少なくとも三万五千人と言われるが、二十五万人が死亡したという説もある。重要な軍事施設もなかったドレスデンへの空襲は、一般市民の大量虐殺によって、市民の戦意を喪失させることを狙ったテロ爆撃であり、ゲルニカや広島、コベントリーへの空襲と同列に並べるべきだろう。米国の作家カート・ヴォネガットの代表作『スローターハウス5』でも、このドレスデン空襲が重要な役割を果たしている。

私がこの街に初めて行ったのは、ドイツ統一直後の一九九〇年十二月だった。この時にびっくりしたのは、戦後四十五年も経っているのに、空襲の焼け跡が市内のあちこちに残っていることだった。たとえば、街の中心にある王宮は、一部が真っ黒に焼け焦げた廃墟のままで、骨組みだけになった塔の丸屋根が、不吉な鳥籠のような印象を与えていた。雑草が生えた聖母教会の瓦礫の山は広島の原爆ドームを思い起こさせた。社会主義政権はゼンパー・オペラ劇場やツヴィンガー宮殿などは再建したものの、資材や予算不足も手伝って、王宮は完全に修復していなかったのである。

それから八年後に再び訪れたドレスデンは、見違えるように美しい町に生まれ変わっていた。王宮は東側の一部を除くとほぼ完全に修復され、巨大な尖塔は再び誇らしげに天を衝いている。建物の石材や彫像を見ると、戦災で破壊を免れたオリジナルの部分は煤で黒ずんでいるので、新しく作られた他の部分との違いがはっきりわかる。新しく作る部分は最小限にとどめ、出来る限り元の素材を生かそうという意図が感じられる。われわれ現代の日本人が忘れてしまった、伝統に対するドイツ人の執着の強さが感じられる。

さてドレスデンの再建事業のハイライトは、なんといっても街のシンボル・聖母教会である。私が九八年に訪れた時には、高さが数十メートルもある巨大な鉄骨の足場の中で、二〇〇六年の完成をめざして、再建工事が行われていた。この教会の場合は、王宮に比べると外壁がほとんど残っていない。それでも、再建に使える石材や彫像の破片は、瓦礫の山の中から掘り出されて、工事現場の周辺に整然と並べられている。

聖母教会の再建には六千四百万ユーロ（約七十七億円）の費用がかかると予想されており、寄付と公的資金によってまかなわれる。銀行の倒産を防いだり、株価を維持したりするために国民の血税を使うのも一つの方法だが、私は、戦争で破壊された歴史的建築物を再建するために、公的資金を使うことの方が、意味があると思う。人間は破壊するだけでなく、再建するエネルギーも持っていることを示す、象徴的な事業だからである。

聖母教会の巨大なドームが再びエルベ河畔に姿を現わすことによって、破壊されたドレスデンが不死鳥のように蘇る様子が、すでに目の前に見えるかのようである。小山のような鉄骨の足場を見て、自分の住んでいる街でもないのに、まるで我がことのように嬉しかった。

アクセス　ベルリンから電車で二時間。

自然と共存する都市――ミュンヘン

一年の大半をミュンヘンで過ごすようになって、かれこれ十二年経つが、ひとつ困ったことがある。私の生まれ故郷である東京で何週間か過ごしてからミュンヘンへ帰ってくると、ほっとしてしまうのだ。本来は、幼い頃から知っている東京に帰った時にほっとするのが当たり前だろう。確かに家族や友人と再会できるのは嬉しいし、食べ物もドイツなど比べられないくらい、おいしい。だから東京へ帰ってくれば、ほっとした気持ちになるはずなのだが、飛行機が成田空港に着くと、なんとなく身構えてしまう。人口がわずか百三十万人のミュンヘンから出て行くと、十倍以上の人口を持つ東京は巨大で騒音がすごく、はっきり言って疲れる。つまり私はすでに、いわゆる「おのぼりさん」になってしまったのである。

自分にとっては外国であるミュンヘンで、私が安らぎを感じてしまう理由の一つは、緑が多いことだ。街の中心に英国庭園という広大な公園があるだけでなく、住宅街のあちこちに緑地や森があり、住む者の心を和ませてくれる。街の中心を離れた住宅街にオフィスを持つ会社も多く、コンピューターの画面を長時間見つめて疲れた目を、窓いっぱいに広がる青葉に向けて、しばし休ませることもできる。

ベルリン、ハンブルグに次いでドイツで三番目に人口が多いミュンヘンだが、いわゆる大都市には珍しく、人間の住む空間と自然がほどよく混ざり合っている点が、私はとても気に入っている。コンクリート・ジャングルではないが、田園だけの風景でもない。人間の営為と、自然空間が共存しているのだ。大通りを一歩横道にそれるだけで、そこには深い森や、よく手入れされた芝生が広がっている。車の騒音も聞こえなくなり、昼間なのに、都会にいるとは思えないほど、しんと静まり返っている。これはミュンヘンの大きな魅力の一つである。

私は週末には、自宅からニュンフェンブルグ宮殿の公園まで、ジョギングすることにしているが、運動嫌いだった私が、ジョギングを続けられる理由の一つは、走るときに目にする美しい風景である。

この宮殿の正面には運河があり、その両側が、並木に沿った散歩道になっている。川面に木々の深い緑が映っている様子は、一幅の絵を見ているようだ。ある時、運河沿いの遊歩道でジョギングをしていたところ、白鳥の夫婦が川岸の斜面に枯草や小枝を集めて、巣作りをしている。それから数週間経ってから同じ場所を通りかかると、白鳥のひなが三羽生まれていた。明るい春の日差しの中で、まだ羽毛が灰色の「みにくいあひるの子」たちが、黄色い声で鳴きながら、親に餌《えさ》をねだっている。近くの住民や、散歩をしていた人々が巣の周りに集まって、目を細めながら白鳥一家を見つめている。都会の真ん中とは思えない、なごやかな風景である。毎週ジョギングをするたびに、三羽の白鳥たちは大きくなっていく。

ニュンフェンブルグ宮殿の庭にも、小川や池がたくさんあるので、水鳥が多い。鴨やあひるたちが芝生の上でひなたぼっこをしたり、餌を探して歩き回ったりしている。私はアパートに住んでいるため庭がないけれども、毎週ここに来て走っていれば、自分の庭を持っているような気分になる。ドイツは税金が日本よりも高いが、私が毎週走る広大な庭の手入れのためにも使われていると思えば、腹も立たない。ニュンフェンブルグ宮殿は名所旧跡の一つなので、観光客も多いが、庭園が広いために、それほど混雑しない。外国人としてドイツで働くのも楽ではないが、春から夏にかけての自然の美しさは、私にとって心に食料を与えてくれる。

ミュンヘン市の統計によると、住民一人あたりの公園の面積は、約三十平方メートル。これに対し、東京では約三平方メートルにすぎない。そのあまりの格差に、愕然とした。日本とドイツは戦後、ともに瓦礫の山から奇跡の経済復興を遂げた国だ。一極集中の国と、連邦制度の国の違いがあるとはいえ、この緑地面積の大きな違いは、我々日本人が繁栄のために働いてくる過程で、なにか大事なものを忘れてきてしまったのではないかという不安を、私に抱かせる。不登校、引きこもり、自殺や少年犯罪の多発と、心の食料不足の間には、何の関係もないのだろうか。

ドイツの中の京都――ライプチヒ

一五二五年といえば、欧州ではルターの宗教改革運動が教会関係者を震え上がらせ、日本では足利義晴が将軍になって間もない頃のことである。すでに当時からライプチヒは、重要な交易都市として栄えていた。ある日、魔術の教授として知られていたファウスト博士が、弟子たちとともに市場の賑わいを見物しようと、ライプチヒにやってきた。ファウストたちが、ある居酒屋の前を通りかかると、数人の男たちが地下のワイン倉庫から、大きなワインの樽を地上に運び上げようとしている。だが、樽は重くて持ち上がらない。

ファウストは、これを見てつぶやく。「これぐらいの樽を、一人で運べないなんて、だらしがないなあ！」。それを聞いた職人たちは怒り出し、ファウストになぐりかかろうとしたが、居酒屋の主人が止めに入る。彼は博士に言った。「もしもこの樽を一人で蔵から地上に出せる人がいたら、私はこの樽をその人にあげますよ」。ファウスト博士が酒蔵に降りて行き、まるで馬にでも乗るかのように、ワイン樽にまたがると、樽は宙に浮いて、地上へ飛び出してきた。居酒屋の主人はこれを見て狐につままれたような気持ちになったが、約束通り、ファウストと弟子たちにワインをふるまったという。

この伝説に現われる居酒屋が、今もライプチヒにある酒場「アウアーバッハス・ケラー」の前身である。ゲーテは一七六五年から三年間にわたりライプチヒで法学を勉強しているが、当時この酒亭を訪れたものと見られる。実際、彼の戯曲「ファウスト」にはファウスト博士が悪魔メフィストとともに、アウアーバッハ亭を訪れる場面がある。現在の酒場は、観光名所の雰囲気が強すぎるが、客の少ない冬の平日などに訪れれば、中世の酒場の趣きを感じることができるだろう。

ライプチヒには、このようなエピソードが街の至る所にちりばめられており、旧東ドイツで私が最も好きな都市である。ドレスデンは王様のお膝元らしく、威風堂々、何となくしかつめらしい感じがあるが、ライプチヒはより繊細で、京都のような趣きがある。たとえば現存する喫茶店としては世界で一番古い物の一つと言われるのが、一六九四年にライプチヒで開店した「カフェーバウム」（珈琲の木）である。この店の客の中には、ゲーテ、シューマン、リスト、ワーグナーもいたと伝えられる。ドイツ統一後、長い間閉まっていたが、一九九八年にめでたく再開している。

またこの街のトーマス教会では、バッハが聖歌隊指揮者として働いていたし、クラシックファンなら誰でも知っているコンサートホール、ゲヴァントハウスは、一八三五年から十二年間にわたり、メンデルスゾーンによって率いられている。ライプチヒはワーグナーが生まれた街でもある。

この街は、音楽だけではなくドイツの出版ビジネスの中心地でもあり、ブロックハウス、レクラム、ロヴォールトなど、ドイツの著名な出版社は、その多くが十九世紀から二十世紀初めにかけて、この街でスタートを切っている。書籍業協会がライプチヒで創設されたことは、フランクフルトと並んで今も書籍見本市がこの街で開かれる理由の一つとなっている。

この街を歩くと、八百年前からの重要な交易都市だったライプチヒの面影に、至る所で出会う。たとえば、コンサートホールの「ゲヴァントハウス」という名前にも商業都市の歴史が織り込まれている。ドイツ語でゲヴァントとは衣装や洋服のことで、商人たちが毎年定期的に反物や衣服の市を開く商館を、ゲヴァントハウスと呼んだ。商人たちの中には、音楽愛好者が多かったため、ライプチヒ市長が一七八一年に、「衣服商館」の中に音楽を鑑賞するためのホールを作らせたのが、起源なのである。

ライプチヒは、ベルリンの壁を突き崩す上でも、きわめて重要な役割を果たした。一九八九年の壁崩壊直前に、言論の自由や民主化を求める市民のデモが最も大規模に行われたのは、ライプチヒだった。毎週月曜日の夜に、七万人から十万人の市民が、逮捕や弾圧の危険も顧みずに繰り広げたデモは、社会主義政権にとって大きな心理的圧力となった。このため東ドイツ人たちは、市民の勇気をたたえてライプチヒを「英雄都市《ヘルデンシュタット》」と呼ぶようになったのである。ライプチヒ市民が、公然と権力に挑戦した裏には、中世以来の文化都市・商業都市としての誇り高い伝統があったような気がしてならない。

アクセス　フランクフルトやミュンヘンからはライプチヒ郊外の空港へ便が出ている。電車の場合はベルリンから特急列車で一時間半。

蔵の町にて――ハンブルグ

島国・日本から来たせいか、ドイツに住んでいても、水のある風景を見ると、心が休まる。そのせいか北ドイツの大都市ハンブルグには、山国ミュンヘンとは違った解放感がある。この街は海沿いにあるわけではないのだが、エルベ川という大河に面している。かなり大型の船でも、この水路を通じて海に出ることができることから、ドイツで最も重要な港町として発展した。このため、街の至るところを、運河や水路が走っている。

ハンブルグでは繁華街の中心にも、アルスターと呼ばれる湖がある。夜の帳が下り、教会や市役所の尖塔、高級ホテルが照明を浴びて、アルスターの水面にその姿を映し出している様子は、息を呑むほど美しい。

さてハンブルグの港に面した地域に、「シュパイヒャー・シュタット」と呼ばれる一角がある。これは「倉庫の町」という意味だが、貿易によって繁栄したハンブルグにとって、この地域は重要な役割を果たした。倉庫とはいっても、ほとんどの港で見られる、無味乾燥な、金属やコンクリート製の四角い建物ではない。百年以上前に建てられたバロック風の、威風堂々たる建物である。古めかしいレンガ造りの蔵が、水路に面して何百メートルにもわたって続く。銅で葺《ふ》かれた緑色の屋根と、レンガの赤茶色のコントラストが美しい。建物の所々には、まるで宮殿のように小さな尖塔や、テラスが取り付けられており、建物に絶妙のアクセントを加えている。機能だけを重視した今日の倉庫街とは全く異なり、思わず見とれてしまうような、調和のとれた景観なのである。

シュパイヒャー・シュタットは、世界でも最大の規模を持つ倉庫街である。ほとんどの倉庫は、七階から八階建て。水路に停めた船から貨物を運び込み、反対側の道路に停めた馬車に貨物を降ろすために、最上階のハッチの前には、ウインチがあり、今も鈎のついたロープが垂れ下がっている。この巨大な倉庫群の建設は、一八八五年に始まった。一つの階は四百平方メートルの広さがあり、世界各地から輸入されたコーヒー豆、香辛料、カカオ豆、煙草、天然ゴム、紅茶、穀物、乾燥果物、じゅうたんがここに次々と運び込まれた。

倉庫の一つが博物館として公開されているので、狭い階段をのぼって、中に入ってみよう。低い天井や、木の床は昔のまま。当時使われた麻袋や、商品の重さを量るための秤、麻袋に商品の産地を刷り込むための、ステンシル（字の型）が残っている。ステンシルの中にはリオデジャネイロやウラジオストックに混じって、横浜の名前もあった。ハンブルグは百年前から世界に開かれた窓だったのである。

この蔵の町では、第二次世界大戦中の爆撃で建物の半分以上が破壊されたが、戦後多くの建物が復元された。現在では、アラブ風の名前の看板が目立つ。中東のじゅうたん商人や、貿易商社がここに事務所を置いているからだ。またシュパイヒャー・シュタットを演劇や展覧会のために使用する人々も増えている。夜には、橋や倉庫の壁をライトアップして、幻想的な雰囲気を生み出す光のパフォーマンスも行われている。

読者の皆さんの中には、ロンドンの金融街シティーに近い、テムズ川沿いの倉庫街を御存じの方も多いと思うが、ハンブルグの蔵の町には、ロンドンに勝るとも劣らない情緒がある。この場所を歩くと、古くからの港町としての息吹や鼓動が伝わってくるのだ。

それにしても、百年前の倉庫は、住宅などに比べると利用価値が低い。それほど実用性がない文化遺産でも、戦争による破壊に屈せずに、過去の姿を忠実に復元して後世に伝える、ドイツ人の執念には感心させられる。実用性だけを重視するのではなく、伝統や美しさという金に換算できない価値を大切にするのは、ヨーロッパ人の特徴である。彼らにとっては、莫大な費用をかけ、不便を我慢しても、そうした価値を守るのが当たり前のことになっている。日本へ行くたびに、景観が激変し、古い価値が急速に失われつつあるのを見るのは、悲しいことである。私の目に、ヨーロッパが輝いて見える理由は、そんな所にあるのかもしれない。

アクセス　シュパイヒャー・シュタット（Speicherstadt）。市営地下鉄U１でMeßberg駅下車。

YOKOHAMA
SAN FRANCISCO
YOKOHAMA

静けさは癒す——ミュンヘン

ある外国人が、「日本はスピーカーの国だ」と形容したのを聞いたことがある。私も日本に行くたびに、「そのとおりだなあ」と思う。ドイツよりも活気があるが、アナウンスによる人為的な騒音が多い。通勤客でごった返す東京の駅で、早朝から「白線の後ろへ下がってお待ち下さい」とか、「このへんでドアを閉めさせて頂きます。危ないですから、次の列車をご利用下さい」などとラウドスピーカーで怒鳴りつけられると、私などは会社へ行く前に疲れてしまう。発車前に鳴る電子音楽も、「ジリジリジリ……」と響き渡る昔の発車ベルほどやかましくはないが、それでも心を和ませる音ではない。新幹線の中でも、アナウンスの連続だし、「浜松名産の××はいかがでしょうか」と言いながらお土産の売り子さんもしょっちゅうやってくる。

秋葉原の電器店や新宿のカメラショップはアナウンスと音楽の洪水で、一部の店のテーマソングは耳にこびりついてしまった。郊外の商店街やスーパーへ行っても、「本日は××焼きそばがお買得になっております。どうぞご利用下さい」などという放送が天井から降り注いでくる。さらにこれは放送ではないが、先日騒音から逃れるために東京で喫茶店に入ったところ、ウエイトレスから「空いているお席にお座り下さい」と言われた。空いていないテーブルにむりやり座ろうとする客なんて、いるのだろうか?

ドイツと日本の都市の大きな違いは、ドイツではこうしたアナウンスによる騒音公害がほとんどなく、静けさがあることだろう。駅でのアナウンスは最小限に抑えられており、列車はしばしば音もなく「そろり」という感じで出発する。地下鉄が発車する時も、車掌は目的地を言ってから、ドアが閉まる直前に「ツリュックブライベン(下がってください)」とひとこと言うだけである。

長距離列車には、全ての駅への到着時刻や、接続列車の発車時刻からプラットホームの番号まで記入したパンフレットが座席の上に置いてあるので、車内放送は少なくて済むのだ。スーパーなどの店内放送も、日本に比べると少ない。ドイツ人は騒音に敏感なので、あまりうるさいと店に来なくなってしまう恐れがあるのだろう。選挙の時にも、候補者名を連呼しながら街を徘徊する宣伝カーや、駅前で通勤客に対して声をはりあげる候補者は存在しない。そのような公害をふりまく候補者には、誰も投票しないだろう。

日曜日や休日には、法律によってほとんどの店が閉まっているので、街は日本のお盆や正月のように静かである。ピアノの練習や庭の芝刈り、建設工事も、原則として夜や日曜日には禁止されている。平日でも、大通りをそれて一歩脇道に入れば、シーンと静まり返っており、小鳥のさえずりが聞こえてくる。会社などでストレスがたまった時には、この静寂はありがたい。東京からミュンヘンの企業に数ヶ月間研修を受けにきた日本人の中には、「静かすぎて落ち着かない」とこぼす人もいるほどである。

なぜ日本とドイツの間には、これほど大きな違いが生じたのだろうか。考えてみると、日本の駅の放送や発車ベルも、もともとは乗客が電車に乗り遅れたり、けがをしたりしないようにするための、親切心から出たものである。これに対し、ドイツでは放送が少ないから、自分で時刻表や行き先の表示板をよく確かめなくてはならない。つまり個人主義の国ドイツでは、放送によっていちいち指図を受けるよりは、自分の責任で物事を判断して行動するのが当たり前と見られているのである。一方チームワークの国日本では、放送によって手取り足取り情報を与えるのが、客へのサービスと考えられている。だが、その放送が一種の騒音と化し、疲れている人々をよけいイライラさせているという事実は、無視されている。親切心で放送しているのだから、少しくらいうるさくても我慢しなさいということなのかもしれない。だが、音に敏感な人にとっては、アナウンスの洪水は、善意の押し売りのように思えるのではないだろうか。

若い頃は騒音もあまり苦にならないと思うが、一定の年齢を超えると、街の静けさがありがたく感じられるようになる。最近日本の新聞や雑誌では、「癒し」という言葉をひんぱんに見かけるようになった。人々が疲れていて、癒しを求めているのだろうか。それならば、手っ取り早くできることが一つある。列車や駅など公共の場所でのアナウンスを廃止したり、減らしたりして、街に静けさを取り戻してみてはどうだろうか。

本日はデジタルカメラとスキャナーがお安くなっております。ご利用下さい!
白線の後ろへ下がってお待ち下さい
この辺でドアを閉めさせて頂きます
傘の忘れ物が多くなっております
中央特快高尾行きの到着です
姫路名産××せんべいはいかがですか

ボーゲンハウゼンの小道――ミュンヘン

観光客としてドイツを訪れても、住宅街に行くことはめったにない。だが、この国の美しさは自然に包まれた住宅街にも、はっきり表われている。特にミュンヘンの北東にある、ボーゲンハウゼン地区は、ドイツで最も優美な邸宅街の一つだと思う。バイエルン州議会の議事堂から北側の、イザー川に沿った地域を歩いてみよう。マリア・テレジア・シュトラーセやメール・シュトラーセという通りに沿って、百年前に建てられた邸宅が、ずらりと並んでいる。その多くは広いテラスを持ち、アールヌーボー様式の装飾がほどこされている。庭には花が咲き乱れ、ブロンズの彫刻を配した噴水が涼しげな音を立てている。邸宅の多くは、歴史的建築物に指定されているため、むやみに取り壊したり改築したりすることはできない。

興味深いのはドイツ人が、莫大な金をかけて、百年前の邸宅をきれいに修復し、まるで昨日建てられたかのような状態にして今も使っていることである。ただし家賃が高いために、ほとんどの建物は個人の住宅ではなく、投資銀行や弁護士事務所、大学の研究所、総領事館などとして使われている。

いちど、そうした邸宅の一つに足を踏み入れる機会があった。四階建ての小さな城のような建物である。階段にある円柱には、人間や動物の顔の浮き彫りが施されている。中には犬に耳を噛まれて叫んでいる人もあり、ユーモラスな彫刻である。踊り場の暖炉には、唐草模様に男女の姿をちりばめた壁画が描かれており、その上部には合掌する天使の浮き彫りがある。壁には、水は出ないものの古風な洗面台が残っている。

　ある部屋の天井は、中世の教会のように、無数のアーチで覆われている。またこの部屋には、陶製のストーブ《カッヘル・オーフェン》が残っている。大人の背の高さくらいの、ごついストーブは、スチーム暖房がなかった時代に使われたもので、中で薪を燃やして部屋を暖める。このお屋敷も企業のオフィスとして使用されているが、社員たちにとってはまるで博物館の中で働いているようなものであろう。古い建物でも壊さずに大切に使う、ヨーロッパらしい感覚である。

　遊び心の感じられる住宅もある。ある邸宅の前を通りかかると、男性が二階のテラスから通りを見下ろしている。翌日に家の前を通った時も、同じ所に人がいる。変だなと思ってテラスをよく見ると、それはテラスの壁に等身大で描かれた人の絵だった。この邸宅の所有者、もしくは入居者は一種の「トロンプイユ」（だまし絵）で通行人を驚かせて、喜んでいるわけだ。細かいことだが、私はこんな遊びの精神に人々の心のゆとりを感じる。

　だが、この邸宅街には暗い歴史もある。戦前、この地区には多くの裕福なユダヤ人たちが住んでいた。ところがナチスが権力を奪取し、人種差別政策を実行し始めると、ユダヤ人たちは邸宅を没収された。中には強制収容所へ送られて命を落とした人々もいる。たとえばメール通り21番地の豪邸は、カウフマンという裕福なユダヤ人の持ち物だった。彼はナチスの人種法によってユダヤ人と認定され、邸宅の没収を通達されたため、一九四〇年に妻と息子とともに自殺している。この邸宅は戦後ネオナチと接触のある「ダヌービア」という学生団体によって購入された。外国人に暴力をふるって逃亡中だったネオナチのメンバーが一時身を隠すのに使われたこともある。この街の豪壮な屋敷の裏には、血塗られた歴史が秘められ、民主主義を脅かす闇の勢力がうごめいていたこともあるのだ。

さてこの邸宅街からさらに北に歩くと、十八世紀に建てられた聖ゲオルグ教会の塔が見えてくる。この教会の墓地は、ドイツの芸術家が葬られていることで有名である。作家エーリッヒ・ケストナー、オスカー・マリア・グラーフ、映画監督ライナー・ヴェルナー・ファスビンダーらがここに眠っているが、みな墓は質素である。

歴史や文化に関する話題が尽きないボーゲンハウゼンだが、この地区とイザー川に挟まれた散歩道がなければ、その魅力は半減しているだろう。特に聖ゲオルグ教会の西側の、なだらかな傾斜を見せてイザー川へ下って行く草原と並木道は、息を呑むほど美しい。イザー川のために、森が突然なくなって、ぽっかりと緑の谷間が現れたような、変化に富んだ風景が、住宅街の真ん中に生まれているのだ。短い夏に、緑のトンネルを通して草原にこぼれ落ちる木洩れ日は、モネの初期の風景画そのものである。すでに十年以上この付近をうろうろしている私だが、この草原と、教会の塔を配した風景には、思わず足を止めて見入ってしまうのである。

アクセス　ミュンヘン中央駅から地下鉄U4ないしU5でMax Weber Platz駅下車。徒歩五分。

狂王さん、ありがとう——バイエルン

劇場の舞台の上には、湖が広がっている。それも絵ではなく、本物の水である。はるか彼方には、バイエルン地方の山並みが見える。荘重な音楽とともに、ルートヴィッヒ二世は一歩また一歩と湖の中に足を進めていき、最後には完全に水の中に姿を消す。すると鏡のように静まり返った水面から、突然水が高く噴き出し、黄金の馬の彫像が出現する。そして幻想の世界に生きた王を祝福するかのように、妖精たちが笑い声をあげながら乱舞する。「バイエルンの狂王」の異名を持つ王様を主題にした、ミュージカル「ルートヴィッヒ二世・天国への憧れ」の大団円である。

場所はドイツ南部、バイエルン州のフュッセン。このミュージカルのためだけに、ある興行主が湖の一部を埋め立てて、劇場を作った。ドイツではオペラに比べてミュージカルの人気は低いが、この作品は例外で、二〇〇〇年の上演開始以来、二年間でおよそ百万人が訪れた。幕間に劇場の外に出れば、目の前に湖が広がり、対岸の山の中腹には、主人公自身が築いたノイシュヴァンシュタイン城が見える。劇場の借景としては、きわめて野趣に富んでいる。

ルートヴィッヒ二世は、型破りの王様で、政治はそっちのけで、ワーグナーに惚れ込んでパトロンとなったり、文学や音楽、演劇に陶酔し、おとぎ話に登場するような城を建設させたりした。

このため、官僚たちから「気がふれて統治能力を失っている」と烙印を押されて、一八八六年に退位させられた。その数日後、彼は、ミュンヘン郊外のシュタルンベルグ湖で、侍医とともに遺体で発見されたが、王が自殺したのか、もしくは殺害されたのかについては、謎に包まれている。

十九世紀後半には、側近たちから国の予算を浪費する乱心者呼ばわりされ、王位を剝奪されて不遇の内に四十一歳の生涯を閉じたルートヴィッヒ二世だが、現代のバイエルン州にとっては、神様のようにありがたい存在である。なにしろ、彼が国費を湯水のように使って、二十二年間の短い統治期間に、城や宮殿を次々に建設してくれたおかげで、日本や米国からたくさんの観光客が、この地を訪れるのだ。その目玉は、ノイシュヴァンシュタイン城、ロココ調のリンダーホーフ城、さらに湖の中に、ベルサイユ宮殿の模倣を試みたヘレンキムゼー城の三つである。

バイエルン州政府の調べによると、一九九四年からの八年間に、この三つの城を訪れた観光客の数は、のべ千九百八十六万人にのぼる。もっとも人気があるノイシュヴァンシュタイン城だけでも、二〇〇一年の入場者数は、百二十八万人に達する。三ヶ所の入場券の平均価格を六ユーロとして計算すると、入場料だけでも、八年間にざっと約一億千九百万ユーロ（約百四十三億円）の収入が州にころがりこんだことになる。もちろん城の維持や修復に莫大な費用がかかることは言うまでもないが、これらの城を見るために、世界中からやって来る観光客たちが、ホテルやレストラン、土産物店、バス会社など地元の観光産業にもたらす収入を考えると、「ルートヴィッヒ経済波及効果」は、物凄い。冒頭に紹介したミュージカルも、一年間で三千七百万ユーロ（約四十四億円）の興行収入をもたらしている。

また生活苦に陥っていたワーグナーがルートヴィッヒ二世によって支えられたために、歴史に残る歌劇を次々と作曲できたことも見逃せない。バイロイト歌劇祭を始めとして、ワーグナーのオペラを楽しむためにドイツを訪れるファンは後を絶たないからだ。こう考えると、十九世紀後半にルートヴィッヒ二世が巨費を投じて建設したキッチュな城や、芸術家への支援は、長期的な投資として今日のバイエルン経済に役立っていることになる。

彼が建てた城を訪れると、建築の芸術的な価値よりも、この王がいかに強く現実からの逃避を願っていたか、そしていかにエキセントリックな人物だったかが、ひしひしと伝わってくる。華美な装飾に満ちた寝室。岩をくりぬいて、独りでオペラを観るために作られた、人工の池や冷房設備付きの劇場。人間嫌いだった王は、食事中に召使いの顔を見なくても済むように、床のハッチが開いて、料理や食器を置いたテーブルがせりあがってくる、「食卓ちゃん《ティッシュライン》、出ておいで《デイック・デイヒ》」という仕掛けまで作らせた。そう、彼は国費を使って夢の世界へ引きこもりを続けた、「究極の芸術おたく」だったのである。百二十年前には禁治産者に等しかった問題児が、今日では、バイエルン経済に貢献し続けているというのは、歴史の皮肉である。

アクセス　劇場のあるフュッセンにはミュンヘンから電車で二時間。

統一ドイツの永田町を行く――ベルリン

ドイツの連邦首相府は、日本でいえば首相官邸にあたる、いわば政治権力の中枢である。首都がボンからベルリンに移った後、二〇〇一年に政府は新しい連邦首相府を完成させた。ある日タクシーでこの建物の横を通った時、運転手が言った。「ドイツには四百万人を超える失業者がいるというのに、政府がこんな建物を作るために莫大な金をかけているのを見ると、腹が立って仕方がない。失業者の救済のためにもっと金を投じるべきだ」。

庶民の口からこんなつぶやきが洩れるほどに、連邦首相府の建物は巨大で、目立つ。白い壁、太い柱、ガラスを多用した未来風の奇抜な建物である。七万三千平方メートルの敷地に建つメイン・ビルは地上九階・地下二階建て。オフィスの面積は一万二千平方メートルに及ぶ。「洗濯機」というあだ名を付けられたこの建物は、市民や建築の専門家からはあまり評判が良くない。

これに対し、西ドイツの首都ボンにあった連邦首相府は、高い柵の後ろにうずくまっているような、指摘されないと見過ごしてしまうほど地味な建物だった。「西ドイツ」が、分断されたドイツの西半分を代表する、過渡的な存在であることを象徴していた。

新首相府のデザインは、統一を達成したコール首相（当時）によって発注された。ボンの建物とは大違いの、悪趣味なまでのスケールの大きさには、「ドイツが新しく生まれ変わり、大国になったことを、国民と全世界に発信しよう」というコール氏の意図がにじみ出ている。だがコール氏は一九九八年の選挙で敗退したため、ベルリンの連邦首相府の主となる夢は果たせなかった。代わりにこの建物を使うことになったシュレーダー首相は「もう少し小さく作れなかったのか?」と尋ねたと言われる。

「洗濯機」がまだ建設中だった頃、ドイツ政府は数年間にわたり、かつて東ドイツ政府が閣議などに用いていた、国家評議会ビルを仮の首相府として使っていた。私は一九九九年にシュレーダー首相に会うために、この建物を訪れたことがある。労働者や農民をモチーフにしたステンドグラスだけが、社会主義時代の建物の雰囲気を残していた。かつてホーネッカーらが閣議を行っていた大会議室で、(旧西ドイツ)政府が閣議を行う。東ドイツが西ドイツに吸収されて消滅したことを、強く感じさせる場所だった。

このように、現代史に関心のある者にとって、ベルリンは変化に富み、興味の尽きない場所である。連邦首相府からシュプレー河畔に沿って、東に広がる地域は、連邦議会、連邦参議院、議員会館、財務省、外務省などが集中する「ドイツの永田町」である。新しい官庁の多くは、かつて東ベルリンだった地域に建てられているが、そこには、ベルリンの複雑な歴史も影を落としている。たとえば財務省は、戦争中にゲーリング空軍大臣が使用した「帝国航空省」の巨大な建物を利用したもの。ドイツ統一直後に、旧東ドイツの国営企業を次々に民営化もしくは閉鎖して、現在の深刻な失業禍が生まれる原因の一つとなった「ドイツ信託公社」もこの建物に置かれていた。また外務省の庁舎は、旧ドイツ帝国銀行のビルを改装したもので、社会主義の時代には東ドイツを支配していたＳＥＤ（ドイツ社会主義統一党）の中央委員会が置かれていた。外務大臣や次官の執務室があるフロアーの壁は重々しい色調の木製で、床には赤じゅうたんが敷きつめられており、確かに銀行幹部が歩いていても不思議ではない雰囲気である。

外務省の近くにジャンダルメン・マルクトと呼ばれる広場がある。「フランス聖堂」、「ドイツ聖堂」という二つの教会がそびえており、十八世紀から十九世紀にかけて、ベルリンが欧州の文化都市の一つだったことを思い起こさせる優美な広場である。私が統一直後の一九九一年にこの地区を歩いた時には、聖堂の巨大なドームや彫刻が排気ガスや煤で真っ黒に汚れていた上、あちこちにペンペン草が生えており、「破れ寺」の印象が強かった。また、第二次世界大戦末期のベルリン攻防戦の際に受けた砲弾や銃弾の痕も生々しく残っていた。

それから十年経った今、二つの教会は見違えるように美しく修復された。広場の南側にあるヒルトンホテルの二階のレストランで、窓際の席に座り、窓を埋め尽くす教会のベージュ色の壁や、女性の彫像などのディテールが、朝日を浴びるのを見ながら朝食をとる。私にとっては、統一以来の十年間にドイツが経験してきた急速な変化が、この景観に凝縮されている。ヒトラーの台頭以来、現代史の中で悲劇の舞台となることが多かったベルリンは、涙ばかりを流さなくても良い時代に向かって、今ようやく歩み出したのかもしれない。

アクセス　ジャンダルメン・マルクトへ行くには地下鉄Ｕ６で Stadtmitte 駅下車。

スパイの総本山——ベルリン

ベルリンの地下鉄U5番線に乗って、東へ向かい、「マグダレーネン・シュトラーセ」という駅で降りる。地上に出ると、社会主義時代に建てられた威圧的な高層ビルがそびえている。東ドイツ政府の消滅まで、市民に恐れられた秘密警察、国家保安省（シュタージ）の本部である。

シュタージは、政府に批判的な市民や、西側への逃亡を企てている市民、西側のテレビやラジオ放送を視聴している市民などを摘発するために、国営企業、大学、報道機関、教会、軍など社会の至る所に情報提供者（IM）を送り込み、人々の発言や行動について、報告させていた。夫が自分の妻の政治活動についてシュタージに報告していたという、ショッキングな例まである。約十七万人の情報提供者の報告をまとめた文書は一部が廃棄されたが、大半はドイツ政府の文書管理局が保存している。統一後、市民はシュタージが自分について情報収集をしていたかどうかについて、問い合わせをすることができ、文書が見つかれば閲覧も認められる。

国家保安省のビルに守られるようにして、中庭にあるやや古めかしい建物が、シュタージの長官ミールケのかつての執務棟である。廊下の壁にはソ連の秘密警察の長官だったジェルジンスキーや、ソ連が日本に送りこんだスパイ、ゾルゲの肖像画がかけられている。ゾルゲはシュタージの職員たちにとっては模範とすべき人物だったのだろう。この建物では、シュタージの組織や活動内容などについて、ドイツ政府が市民に情報を開示するための常設展が開かれている。カバンの中に仕込まれた隠しカメラ、変装用のかつらや付け髭、盗聴器、盗聴した電話の内容を録音したテープなど、七つ道具が展示されている。証拠収集の一環だったのか、シュタージは、反体制派の市民の体臭を採取して、布に染み込ませて保存していたが、そうした布を詰めたガラス瓶もある。体臭を瓶詰めにしたガラスの標本が並んでいるのは、ドイツ人らしい几帳面さ、記録好きが妙な方向に暴走してしまったことを示すようで、不気味だ。いずれにせよ、ふだんはベールに包まれている秘密警察の仕事が、これほど市民の目にはっきりとさらされるのも、珍しい。

この建物の圧巻は、ミールケ長官のオフィスである。長官の椅子の向かって右側には、シュタージの部長や軍にワンタッチでつながる特製の電話台がある。大きな執務机の上には、白と黒のダイヤル式の古めかしい電話機が二台。机の左端には、レーニンのデスマスクが置かれている。秘密警察の総帥は、ロシア革命の父の石膏《せっこう》像を日々眺めながら、ここで働いていたのだ。ミールケの椅子の背後には、分厚い扉を持った金庫がある。ミールケは、ここに機密書類を保管していたのだろう。その中には、ホーネッカーなど政府高官の弱みを握るために集めた文書もあったと言われる。金庫の横のドアをくぐると、長官が泊まり込みで仕事をできるように、ベッドや台所、浴室を備えた休憩室がある。

シュタージの長官の執務室は、西側の政府高官や企業幹部のオフィスに比べると、はるかに質素だ。壁や机にも、あまり高級とはいえない木材が使われており、西欧や米国に比べると安っぽい造りである。裏の部屋に至っては、大臣の休憩室というよりは、安宿の客室のように見える。この飾り気のないスパルタンな雰囲気は、シュタージが軍隊と同じように組織されていたことだけでなく、東ドイツでの物資不足をも感じさせる。ベルリンの壁があった頃、ここで働いていたシュタージの長官は、まさか将来自分の部屋が博物館になり、カメラを首から下げた日本人がオフィスの中をうろうろするとは、夢にも思わなかっただろう。長官の椅子に座ってレーニンのデスマスクを眺めると、ドイツの歴史がいかに激しく変化したかが、改めて痛感される。

さてシュタージ本部の南西の端にある十三階建てのビルには、外国でのスパイ活動を指揮する「情報管理本部（ＨＶＡ）」が置かれていた。今では何の変哲もない殺風景なオフィスだが、西ドイツのブラント首相の側近になって機密情報を入手し、首相を辞任に追い込んだスパイ、ギヨームなど、西側の諜報機関を震え上がらせたスパイたちは、この建物から操られていたのである。東西ドイツはもともと一つの国で、人種も言語も同じだったため、冷戦時代の諜報機関にとっては、容易にスパイを送りこんだり育てたりできる、またとない活躍の舞台だった。

このスパイ機関を三十年間にわたり率いた、伝説の人物マルクス・ヴォルフと話したことがある。ドイツ統一から八年経っていたのだが、「今も社会主義が死んだとは思わない。自分の諜報機関の指揮官としての活動には、やましい点は全くない」と語り、固い信念の持ち主であることを感じさせた。ヴォルフは、西ドイツに潜り込ませていたスパイの中には、まだ摘発されていない者もいることを、ほんの少し誇りを込めて明らかにした。東西間のスパイ戦争は、まだ完全には終わっていないのである。

機密書類を
入れた
長官専用の
金庫
ワンタッチ式電話
色分けされた
専用電話
レーニンの
デスマスク
エーリヒ・
ミールケ長官

胸にぐっとくるイベリア半島

セビリアの光と影

四月中旬のミュンヘンは、氷雨が降ることが多く、まだ長い冬の終盤戦にある。ところが、ここから飛行機で三時間南へ飛び、スペインの南部・アンダルシア地方に到着すると、海水浴ができるほどの暑さである。大輪の薔薇やハイビスカスの鮮烈な赤色が、目を射る。レンタカーのラジオから流れてくるのは、スペインの情熱的な音楽ばかり。地中海の反対側は、もうアフリカである。「ヨーロッパ」という一言ではくくれない多様さが、ヨーロッパの大きな魅力だ。

スペインに来ると、自分が住んでいるドイツがいかに「若い国」であるかを感じる。

多くのドイツ人は歯に衣を着せぬ物言いが当たり前であり、相手の感情を傷つけても、考えを率直に言うのが正しいと信じている。そして外国人でも、ドイツ人と百%同じように振る舞えないと、いらだつ。自分の態度は棚に上げて、すぐに他人を批判する。これに対しヨーロッパ南部では、物事をオブラートに包んで話し、相手の感情を思いやる人に出会う頻度が、ドイツよりも多い。南ヨーロッパ人の中には、ドイツ人の無神経さを指摘して、「ドイツは豊かな経済大国だが、ドイツ人はcivilized（文明的）ではなく、精神的には貧しい」と批判する人が少なくない。私もドイツは「ヨーロッパ大陸の中の米国」だと思っている。

さてスペインのもう一つの特色は、カトリック教会の影響力が、ドイツに比べてはるかに強いことである。そのことは、高さ九十六メートルの尖塔を持つセビリアの大聖堂に一歩足を踏み入れてみれば、すぐわかる。ドイツの飾り気のない、あっさりとした大聖堂の内部とは対照的に、豪奢な装飾の洪水で、かつ色彩に富んでいる。その規模も、広さ二万四千平方メートル、全長百二十六メートルと巨大で、ローマのサン・ピエトロ、ロンドンのセントポールに次いで、世界で三番目に大きい教会である。

キリスト教といえば、四月の復活祭は、ギリシャ、南イタリアなど、ヨーロッパの南へ行くほど、盛大に祝われる。南スペインでも、復活祭は一年を通じて最も重要な祝祭である。多くの街では、聖金曜日（復活祭前の金曜日）の夜から、信者たちが徹夜で街を練り歩く。大人だけでなく、子どもまで蝶ネクタイやドレスでおめかしをして、街に繰り出す。セビリアで、たまたま信者たちの行列に出会った。人の背丈ほどもある聖母マリアの像を載せ、真っ白な花や蠟燭《ろうそく》でごてごてと飾られた御輿《みこし》が、人々に担がれて、しずしずと行進していく。輿の後ろを歩く音楽隊員たちの額に汗が光る。トランペットの調子がやや外れた行進曲と、南国の太陽を浴びて、抜けるような青空にくっきりと浮かび上がる御輿。古いヨーロッパ映画の一場面が、目の前で繰り広げられているような錯覚に襲われた。

金糸で刺繡《ししゅう》が施された天幕をかけ、季節の花で飾られた輿は美しいが、それを担いでいる同胞団と呼ばれるグループのメンバーたちは、米国のクー・クラックス・クランのように、てっぺんがとがった長いビロードの覆面で顔を隠し、目だけを光らせている。その風体は、南国の明るい陽光やスペイン音楽の陽気さとは対照的に、重苦しい雰囲気に包まれていた。彼らは、この行列に参加することによって、自分の罪が清められると信じているのだが、罪深き者として他人に顔を知られないように、この覆面をかぶるのだ。いちど、この覆面をかぶった男と視線が合ったが、中世のスペインで多くの市民を拷問室や死刑台に送った異端審問官ににらまれているような、不気味な感じがした。

私はこの日の体験から、ゴヤの初期の絵に見られる明るさと、晩年の「黒い絵」と呼ばれる作品群の悲劇的な暗さの対照を思い出した。スペイン人の陽気さと華やかさには、常に死と絶望が隣り合わせになっている。

ところでオモテとウラ、本音と建前、普段は表面に現れない秘められた情念といえば、日本人の思考形式の中でも、重要な役割を果たすものばかりだ。その意味でスペインと日本の間には、地理的な距離にもかかわらず、精神的には近いものがあるように思われる。

アクセス　私はマラガで車を借りてセビリアまで行ったが、欧州の主要都市からセビリア空港へ飛ぶのも手っ取り早いだろう。

イスラムとの遭遇――グラナダ、コルドバ

「ヨーロッパでは、キリスト教のごてごて飾られた教会ばかり見せられて、もう食傷気味だ」とおっしゃる読者もおられるだろう。そういう方には、スペイン南部のアンダルシア地方へ行くことをお勧めする。ここは、イスラム芸術の粋を心ゆくまで味わうことができる、ヨーロッパで数少ない場所だからである。キリスト教の聖堂と異なる神秘空間は、ヨーロッパから一万キロを飛び越えて、京都の禅寺に足を踏み入れるような、新鮮な感覚を与えてくれる。

この地域では、八世紀から約七百年もの間、北アフリカから侵入してきた回教徒たちが拠点を築き、寺院を造営し、イスラム文化の花を開かせていた。アンダルシアという名前そのものも、アル・アンダルスというアラビア語の名前から来ている。その最高峰といえる建築物が、キリスト教徒たちに破壊されずに、グラナダという街に残っているのは、人類にとって大きな幸いだ。

アルハンブラ宮殿には、イスラム的宇宙が凝縮されている。最大の特色は、壁や柱を埋め尽くす、砂糖菓子のように繊細で、精巧な浮き彫りだろう。イスラム教はキリスト教と異なり、宗教的なモチーフを図像化することを偶像崇拝として禁じているため、イスラム美術では抽象的な文様による造形が発達した。あたかも壁に空白を残すことに恐怖感でも抱いているかのように、何

十メートルもの高さを持つ広間まで、壁面がびっしりと複雑な浮き彫りで覆われている。精密な浮き彫りを施した人々の、移り行く時間を大理石の上に定着しようという情念が伝わってくる。外からの陽光と、白い大理石の浮き彫りが生み出す光と影のシンフォニーは、時々刻々揺れ動き、息を呑むほど美しい。

獅子宮と呼ばれる建物では、大理石を洞窟の鍾乳石か蜂の巣のような形に加工した、モカラベと呼ばれる独特の装飾があちこちに施されており、見る者を夢幻的な空間に誘い込む。この装飾を見つめていると、まるで万華鏡を覗き込んでいるような、そしてイスラムの宇宙に吸い込まれていくような、不思議な感覚に襲われた。アルハンブラがたたえる雰囲気は、中世の芸術とは思えない、新鮮さを持っている。それは、この場所で我々が直面するのが、キリスト教の大聖堂で見るような説明的な装飾ではなく、一切の偶像を排した抽象的な美だからであろう。

さて西暦七一一年にジブラルタル海峡を渡ってイベリア半島にやってきた回教徒たちは、現在のスペインに相当する地域の大半を支配下に収めた。彼らがイスラム時代のスペインの首都に定めたのが、コルドバである。特に十世紀のコルドバは、アブド・アル・ラーマン三世の支配下で、人口三十万人を数える欧州で最大の都市の一つに発展した。当時のコルドバには、五百のモスク（回教寺院）、六百の公衆浴場があり、大学や学校も作られたという。この街は十三世紀にキリスト教勢力によって奪回されるまでの五百年間にわたり、イスラム文化の中心地の一つとして栄えたのである。

八世紀に建設が始まったメスキータと呼ばれる建物は、二万三千平方メートルの広さを持ち、世界で三番目に大きいモスクである。この建物に足を踏み入れる者は、八百五十本を超える石柱の密林に息を呑む。柱の上部は、白と赤茶色に交互に塗り分けられた、中東風の二重アーチにつながっている。まるで椰子の木を連想させる装飾が、広大な空間の中で無限に広がっていくのだ。なんと巧みな視覚効果だろうか。

メッカの方向に面した壁には、コーランを収めるミフラブという聖なる空間があるが、アルハンブラと同じく一切の偶像を排し、精密な黄金のモザイクが神秘的な空間を生み出している。オレンジの木を植えた庭園は、かつて回教徒がモスクに入る前に身体を清めるための場所だった。コルドバを征服したキリスト教徒は、十六世紀にこの回教寺院の真ん中に教会を建立した。このため今日のメスキータは、イスラム教とキリスト教の寺院が混在した、神仏混淆のような状態となっている。しかし、キリスト教の祭壇や宗教画も、石柱の密林に完全に圧倒されており、場違いな感じさえ与える。

欧米では「九月十一日事件」以来、ビンラディンやアル・カイダのような、イスラム社会の過激な面ばかりがクローズアップされているが、スペインに回教徒たちが残した遺産に触れれば、イスラム芸術の高い精神性を知ることができ、決して欧米のマスコミの一面的な見方にとらわれてはならないことに気づくだろう。

アクセス セビリアやマラガから電車で行くことも可能だが、高速道路は良く整備されているので空港で車を借りるのが、最も手っ取り早い。

スペインの鰻

スペインのアンダルシア地方でも、海沿いと内陸部では食生活がずいぶん違う。海岸から百五十キロ離れたハエンあたりのレストランでは、肉料理が中心だ。おまけにオリーブ油の産地であるためか、あらゆる料理にオリーブ油がふんだんに使われている。オリーブ油の工場を改造して作られたあるホテルで、朝食をとったら、ハムとチーズが、オリーブ油に浸されて出てきた。日本でいう小皿料理のタパスも、ほとんどの物が黄金色の油の中に浮いている。パンを食べる時にバターのかわりにオリーブ油の小瓶が出てくる所も少なくない。数日間にわたって、肉とオリーブ油の集中砲火を浴びれば、胃がもたれてくる。

それに比べるとスペインの海沿いの地域は、海産物が美味しく、我々日本人には嬉しい。海老や貝を混ぜた炊き込みご飯であるパエヤや、海産物のおじやは、何度食べても飽きない。ところで、私は学生時代に京都・嵯峨野にあるスペイン料理店に入った時に、オリーブ油で鰻の稚魚とニンニクを炒めたものを食べて、「こんなにおいしいものがあるのか」といたく感激したことがあった。作家の阿川弘之氏も、エッセーの中で、スペインで食べたこの料理を絶賛しておられた。

鰻の蒲焼に慣れている我々日本人には、それほど鰻に対する拒否反応は強くないが、ヨーロッパ人の中には、鰻というと蛇を連想するようで、食べたがらない人が多い。特に頭を落しても、身体だけが動き回るのが、嫌悪感を催させるらしい。映画「ブリキの太鼓」の冒頭で、浜辺に打ち上げられた馬の首から、鰻がニョロニョロと出てくる場面を見てしまった人は、鰻料理を敬遠するであろう。特に鰻の稚魚はミミズの子どものようにも見えるから、さらに人気がないようだ。でも、見てくれればかりで敬遠していたら、おいしい物は食べられない！

私はスペインへ行ったら、ぜひ本場で一度鰻の稚魚を食べてやろう……と考えていたのだが、何軒かレストランに入っても、この料理がなかなか見つからない。鰻の稚魚はスペイン北部に多い料理で、南部のアンダルシアにはあまりないのかもしれない。

鰻の稚魚にありつくことをあきらめかけていたが、セビリアで評判の良いレストランに入り、メニューを開いたところ、「アングイラ（鰻）」という文字がようやく目に飛び込んできた。そこで私は、矢も盾もたまらず、反射的にそれを注文してしまった。期待どおり、熱した陶器の小鉢の中に、鰻の赤ん坊たちが、スパゲッティのようにとぐろを巻いておる。これこれ、私が待ち望んでいたのは。小鉢の中のオリーブ油はぐつぐつと煮えたぎり、ニンニクの香ばしい匂いが、あたりに漂う。一万キロの空間と二十年の歳月を超えた、あつあつのベビー鰻クンとの、感動の再会である。「うまい！　これぞスペインの味……」と悦に入りながら、ニンニクの芳香と鰻のエキスをたっぷり含んだオリーブ油まで、パンで一滴も残さずに拭き取って、胃の中におさめる。直径十五センチくらいの小鉢なので、やや物足りないくらいだ。もう一皿頼みたいところだが、ぐっとこらえる。

さて食事が終わって、勘定書を見た私はびっくりした。おいおい、ちょっと待ってくれ！　勘定書の値段のほぼ六十％が、鰻の稚魚一品によって占められているではないの。通常ならば、このベビー鰻一皿の代金だけで、二人分の夕食を払えるくらいの値段なのだ。もう一度メニューを取り寄せて、値段を確かめるが、間違いはない。スペインでは、この料理はちょうどキャビアのように、珍味中の珍味なのである。食べ終わってから、ようやくそのことに気がついた。ほとんどのレストランで、この料理が出てこないわけがようやくわかった……。

京都で食べた鰻の稚魚は、学生でも注文できたくらいだから、それほど高いというイメージはなかった。ひょっとすると京都で食べたのは鰻ではなく、シラウオでもオリーブ油で炒めた代用品だったのかな？　やはりパブロフの犬のように、条件反射であさましく料理を注文してはいけないなと心から反省し、財布の軽さを噛みしめながら、とぼとぼと家路についた私でありました。

①
これだ、これを探していたんだ！
グツグツ
②
€100!!!

アルファマの焼魚――リスボン

リスボンの南東の地区は、アルファマと呼ばれている。丘の中腹にへばりつくように広がっているこの下町は、地盤が強かったためか、十八世紀にリスボンの街のほとんどを破壊した大地震の際にも、荒廃を免れた。十五世紀前後の街並みが今も残っており、住宅や商店として使われている。丘の上から青い河とリスボンの街並みを見下ろすパノラマ的眺望は、石段を降りてアルファマ地区に足を踏み入れると、突然さえぎられて、空が狭くなる。

急な坂道の幅は、狭いところでは一メートルちょっとしかない。窓から手を伸ばせば、向いのアパートの住民と握手ができそうだ。住宅の入口は狭く、かがまないと頭をぶつけそうになるほど低い。のぞきこむと、一人がようやく通れるほどの梯子《はしご》のような階段が、暗闇の中へ通じている。住宅というよりは、穴蔵のようだ。

アルファマで最も印象的なのは、昼をも支配する暗さである。反対側の建物に物干し紐が渡され、そこにかけられたシーツなどの洗濯物と、建築工事の足場によって、迷路のような路地は、昼でも暗い。建物が密集しているため、一階にある住宅や店には一日中、日光が全く射し込まない。広さが二十平方メートルくらいの薄暗い店の中に、食料品や日用雑貨がぎっしり詰め込まれている。昼食時には、近所のお年寄りたちが、ほの暗い大衆食堂のカウンターでワインを飲みながら、焼魚をつまんでいる。労働者風の黒人が、あひるの肉を混ぜた飯をかき込みながら、オン・ザ・ロックをあおる。薄汚れた犬や猫が足元をうろつき、鳩が路上のごみを漁っている。アフリカの旧植民地からの黒人たちが、「ハシシはいらないか？」と声をかけてくる。明るい太陽の光があたらない、貧しい南欧の影の部分がここにはある。

このように中東かアフリカの魔窟の匂いを感じさせるアルファマは、リスボンで最も生活感のあふれる地区でもある。路地には車が通らないため、お年寄りや主婦たちが輪になって、長々と立ち話に興じている。住宅の窓からは騒々しい歌謡曲が流れ、どの窓辺にも下げられた鳥かごの、小鳥のさえずりをかき消す。ある木のドアを開けたら、街の人々が共同で使う洗濯場だった。しかもコインランドリーのように洗濯機がずらっと並んでいるわけではなく、石の洗い台に衣類やシーツを置き、石鹸をつけてゴシゴシこすって汚れを落とすというやり方である。ヨーロッパの「南」にいることを感じさせる光景だ。

路地は、市場にも早変わりする。午前十一時頃になると、路地に野菜や果物、そしてカタツムリがぎっしり詰まった大きな袋を並べた露店が並び、店先はりっぱな体格の主婦たちでごった返す。魚屋さんもあった。初老の夫婦が露店に大きな魚を並べ、主婦たちの求めに応じて、山刀のように大きな包丁で、魚の頭をスパッと切り落とし、さばいていく。潮の香りと魚の生臭いにおいが、狭い路地いっぱいに広がる。

時計の針が十二時をさすと、炭火で魚を焼く香ばしい香りが、アルファマ地区に漂い始める。

露店で中年の料理人が、イカや鰯、鯵に威勢良く塩をふりかける。もうもうと煙がたちのぼり、食欲をそそる匂いが鼻孔を満たした。

大航海時代にスペインとともに世界の隅々まで進出し、植民地を持ったポルトガルの栄光は、もはやない。ヴァスコ・ダ・ガマやルイス・フロイスといった名前も、教会の地下の石棺か大学図書館に封印された、黄金時代の象徴である。ユーロを導入したものの、二〇〇二年には財政赤字がふくらんだために、通貨同盟への参加に必要な条件に、早くも違反してしまい、欧州委員会から最初のルール違反国として、怒られる始末。ヨーロッパの中心が、五百年の間に、南部からドイツやフランス、英国に移っていったことを痛感する。ただしリスボンには、アルファマ地区に見られるように、北ヨーロッパの大都市とは一味違った、ヨーロッパのさいはての物悲しさが残っている。昔のヨーロッパ映画のような雰囲気の中に身を置きたい人には、うってつけの場所である。

5

市電でセンチメンタル・ジャーニー——リスボン

男には何歳になっても少年のような部分が残っているようだ。たとえば、五十歳や六十歳になっても、鉄道、戦闘機、艦船、戦車など、特定の乗り物が好きで好きでたまらず、実物を見るために何時間もかけて遠く離れた土地まで旅行したり、同好の士と夜が明けるまで議論したりするというマニアは少なくない。女性には、なかなかわかってもらえない、子どもの部分を、多くの男は抱えている。私の中にもそうした傾向があるのだが、ヨーロッパに来てからは、歴史や時代を感じさせる乗り物に強く魅かれている。そんな私にとって、リスボンには思わぬ発見があった。

リスボンは坂の多い街だ。地図の上ではたいした距離ではなくても、実際に歩いてみると、急な上り坂になっていて、苦労させられることがある。あたかも街全体が、丘や谷の上に作られているかのように見える。いきおい、真夏の炎天下に移動する時などには、どうしても市電のお世話になることになる。リスボンの市電は、これまで世界のあちこちで見た中で、最も古めかしいスタイルをしており、その愛らしい小ぶりな車体が、急な坂をじりじりと上っていく様子は、私の目をひきつけてやまない。

この街の市電は、バスくらいの長さの車両が一両だけ。日本史の教科書によく載っている「日本で最初に開通した京都の市電」という写真を思い出してもらえばよい。初期の市電は、乗り合い馬車を電化した名残で、一両だけの場合が多かったが、リスボンの市電は今も一両だけなので、まだ「電気馬車」の雰囲気が残っているのだ。

車体が木で出来ているのも、前時代的である。運転席の上の丸屋根も、木材をたくみに組み合わせて作られている。扉や窓枠もすべて木製であり、金属やプラスチックと違って、温かみがある。夜になると、ナトリウム灯のオレンジ色の光が、ぽっと灯る。お皿に卵をのせてひっくり返したような、古風な電灯が使われている車両もある。夜の車内は柔らかいセピア色の光に包まれ、南国らしい、しかも古風な雰囲気である。このオレンジ色の車内灯が、祖国を一万キロ以上離れた場所で、幼い頃に東京で乗った、廃止直前の都電や、学生時代に京都で乗った市電の車内を、まざまざと甦らせた。ミュンヘンでも市電には毎日乗っているが、近代的な車体でバスか電車とあまり変わらず、リスボンのような古風な味わいには欠ける。

リスボンで特に気に入っているのが、南部のバイロ・アルト地区とアルファマ地区を結んで走る28番線である。アルファマには、市電が一両ようやく通り抜けられるくらいの狭い道が多い。市電が住宅や商店の軒先をかすめるようにして走ると、魚を焼く匂いや、窓辺に干された洗濯物の石鹼の匂いが車内に入り込んでくる。アパートの窓から顔を出して市電を眺める老女の顔が、すぐそこに見える。ほの暗い蛍光灯に照らされた、大衆食堂のテーブルが、視界をかすめる。

まるで迷路のような道を走るので、大変危険な仕事に見えるが、運転士は道で遊ぶ子どもたちや、横道から顔を出す自動車にジリジリンと警告の鐘を鳴らしながら、涼しい顔で運転している。

料金は百円前後だが、車体後部の手すりにつかまり、ステップに乗っている人、つまり車内に入らない乗客は金を払っていない。子どもたちが、まるで葡萄の房のように市電の後部にぶら下がっているが、運転士は料金を取らないだけでなく、追い払いもしない。ドイツ語でただ乗りをする人のことを、Trittbrettfahrer つまり「市電のステップに乗る人」と呼ぶことがあるが、リスボンでの光景を見て、この言葉がよく理解できた。

ある時、ドイツの市電では見かけない光景にも出会った。満員の市電に乗っていた時、停留所に着いたら、若い乗客が窓から外へ飛び降りたのである。ドイツだったら、まず窓が開かないし、乗客がそんなことをしたら、運転士がマイクを使ってガミガミと怒鳴りつけるだろう。南ヨーロッパの人たちは、細かいことには目くじらを立てないようだ。

この街には市電が単線区間になっている道路もあり、反対方向から来る車や市電のために、路上で十分くらい待たされることも少なくない。リスボンの市電も交通渋滞の緩和のために、少しずつ廃止される方向にあるようだ。28番線のように味のある路線はぜひ残してもらいたいと思うのは、一時の訪問者のわがままだろうか。

RUA de SAO MIGUEL
12
PRAZERES 28
COMPET

ロシアって大変な国だ！

社会主義的団地に住んでみた——サンクトペテルブルグ

ソ連が崩壊して以来EU（欧州連合）は、多額の資金をつぎ込んで、ロシアのインフラを整備するための援助活動を行っている。そうした援助活動を現場で実施するのは、多くの場合NGO（非政府組織）である。一九九五年に私と妻は、知人のドイツ人女性Aさんが、NGOの責任者として、ロシアのサンクトペテルブルグに住んでいた時に、彼女をこの街に訪ねた。当時、西側企業の多くは駐在員を治安上の理由から、高級ホテルなどに住まわせていたが、Aさんは目立たない方が安全だと考えて、ロシア人が住んでいる団地に部屋を借りて住んでいた。このため、Aさんのアパートに十日間にわたり滞在させてもらった私たちは、ロシアの住宅事情の一端を垣間見ることになったのである。

まずアパートの階段に入ってびっくりした。郵便受けはすべて壊されて、扉がなくなっている。これでは郵便受けの意味が全くない。Aさんが、自宅に手紙を送らないように言った意味がわかった。電灯はこわれていて、夜になると階段は真っ暗。「このアパートの階段はロシアとしては、まだ良い方なのよ」。Aさんによると、通行人がアパートの階段や踊り場を公衆トイレ代わりに使っていくことも多いそうだが、彼女のアパートの階段では、幸いそうした悪臭はなかった。

四つの部屋に台所、浴室があるアパートは、広さが百五十平方メートルほどのかなりゆったりした造りである。だが、ここに住んでいたロシア人の家族が英国に移住する際に、ほとんどの家財道具、蔵書、食器などを置いたまま出ていったため、アパートの中は物であふれ返っており、広いという感じはあまりなかった。まるで、ロシア人の家族が昨日まで生活していたような雰囲気が残っている。お世辞にもきれいとは言えない浴室は、材木や工具が散乱して、物置のようだ。台所の引出しを開けると、ネジや釘、プラスチック製のヨーグルトの容器などが、ざくざく出てきた。物がなかった時代に、目に付いた物を手当たり次第に貯めこんでおいたという感じである。

Aさんによると、サンクトペテルブルグの水道水は、水源のネヴァ川がひどく汚染されているため、そのまま飲んだり料理に使ったりすることはできない。彼女は、蛇口から出した水を、ドイツから持ってきたフィルターで濾過《ろか》した上、ガスレンジで沸騰させてから使っていた。大都会でも水道水を飲むことができないとは、かなり劣悪な生活環境である。

ここに住んでいた家族は読書好きだったようで、居間の壁はロシア語に翻訳されたバイロンやシェークスピアなどの分厚い本で埋まっていた。だがこの本は、同時にAさんの「金庫」でもあったのである。Aさんによると、ソ連崩壊後は企業や個人も銀行に口座を開くことができるようになった。しかし、西側企業がサンクトペテルブルグに持つ駐在員事務所などが、ロシアの銀行に口座を開くと、ほとんどの場合、マフィアがやってきて、守り料を要求した。ドイツ領事館の治安担当者すら、駐在員への説明会で「皆さんを守るすべはないので、マフィアの訪問を受けたら、むげに断らずに、会った方がよい」と忠告していたという。西欧の感覚では、もはや無法地帯である。

Aさんは、情報が銀行から闇の世界に漏れていると見て、銀行に口座を開かないことにした。彼女は、自分が率いているプロジェクトのための資金として、何十万ドルもの現金をドイツでEUから受け取ると、それを身体に巻き付けて、上から洋服を着て陸路ロシアに入り、自宅の居間にある蔵書の中に、隠していた。幸いなことに、Aさんが滞在中の三年間に泥棒は入らず、銀行を使わなかったために、事務所にマフィアも現れなかった。

この「金庫」を守るために、Aさんは私たちにある規則を絶対に守るよう求めた。それは、団地の階段はもちろん、半径五百メートル以内では、英語やドイツ語など外国語を絶対にしゃべらないことである。その理由は、団地に外国人が住んでいるとわかると、空き巣に入られる可能性が高いということだった。たとえば同じNGOで働く彼女のベルギー人の同僚は、この規則を守らずにアパートの階段で英語を話していたため、空き巣に入られた。住民から犯罪者への口コミ・ルートがあるのだろう。

犯罪が多いとは聞いていたが、想像を絶する状態である。Aさんの台所から見える中庭の高い木が、白夜のせいで、夜十時になっているというのに、緑の葉に太陽の光を浴びて輝いている。神経を使うロシア滞在で、心を和ませる光景である。ただしこうした緑が消え去り、日照時間が短くなる冬は、プロジェクトの責任者として神経を使わなくてはならないことと並んで、気丈で男勝りのAさんにもこたえたようだ。三年間のロシア滞在の後は、生まれ故郷のドイツの町に戻り、のんびり暮らしている。

外国語は
だめよ！

駅頭の老女たち――サンクトペテルブルグ

日本からサンクトペテルブルグに来る旅行者のほとんどは、エルミタージュ美術館の壮麗な建物や古今東西の美術品を愛で、マリンスキー劇場でバレエを鑑賞して、北方の古都の美しい思い出を胸に、帰国するのではないだろうか。確かに、ピョートル一世が帝政ロシアの首都として築いたこの街の歴史的建築物は壮大で、西ヨーロッパにはないスケールと華麗さに圧倒される。ただし、そうした美しい面だけを見ても、今日のロシアが置かれた複雑な状況は理解できない。私たちは、ホテルではなく、ロシアに長期滞在しているドイツ人のアパートに住み、商店でロシア人に混じって食料品を買い、自炊生活をしていた。観光バスやタクシーではなく、すしづめのオンボロ市電やトロリーバスに乗って、街のあちこちに出かけたので、人々の生活の一端を垣間見ることができた。

初めてロシアの商店で物を買おうとした時、独特の仕組みにとまどった。商品を選んだ客は、店員に直接金を払うのではなく、商品の名前を書いた紙片をもらって、ボックス・シートのようなレジに座っている別の店員の所へ行き、お金を払ってレシートをもらい、レシートとひきかえに商品を受け取る。ある商店では、レジスターではなく算盤《そろばん》のような道具を使っているのが、面白かった。社会主義時代から続いているこの仕組みは今のロシアでも広く行われており、冷戦の時代に、亡命したロシア人たちが多く住んでいる米国の街でも、故郷の雰囲気を味わうためにわざわざこのややこしい支払システムを使っていた店があったという。

一九九五年当時には、社会主義時代とはうってかわって、商店は物であふれていた。食料品市場でも、肉や野菜がふんだんに並んでいる。網の袋に入ったジャガイモは泥まみれで、まるで土の塊がうずたかく積んであるかのようである。こうした物の豊富さとは対照的に、市民の暮らしは決して楽ではない。九五年当時この街で働いていたドイツ人の知り合いによると、サンクトペテルブルグ市民の平均月収は二十万ルーブル前後（当時の交換レートで約四千円）、これに対しチーズ一キロが一万八千ルーブルもしていた。このため、年金だけで生活しなければならない、お年寄りたちの暮らしは特に苦しい。社会主義時代には無料だった水道や暖房の料金も払わなくてはならない。

サンクトペテルブルグで、忘れられない光景がある。地下鉄や鉄道の駅から外に出ると、年配のロシア人女性たちが、歩道の脇にずらりと並んで、アメリカのタバコを通りすがりの人に売っているのだ。ある週末に、食料品市場に近い地下鉄の駅から地上に出たところ、タバコだけでなく、古びたアイロンからしなびたネギ、鳥かごに入ったインコや子猫まで持って、人々が歩道にずらりと並んでいる。にわか商人の人波で、まっすぐに歩けないほどである。人々は少しでも小銭を稼いで、生活の足しにしようと必死なのである。だが彼らが手に持っている「商品」は、とても売れるとは思えないものばかりだ。なにも売る物がないお年寄りは、地下道に立って物乞いをしている。私たちの知人であるドイツ人の女性が、ある老女に小銭を与えると、老女は「神の祝福を」と言って、彼女に十字を切った。

こうして駅前に立っているお年寄りの中には、ナチス・ドイツとの戦争を体験した人もいるだろう。彼らは苛酷なレニングラード包囲戦に耐え、ドイツ軍をみごとに撃退し、第二次世界大戦の戦勝国となった。それから半世紀後、ソ連は内部崩壊し、ロシアは冷戦で敗者となった。その結果、西側の市場経済とは似ても似つかぬ「擬似資本主義」が誕生し、貧富の差は急速に広がったのである。ドイツとの戦争には勝ったが、資本主義との競争に負けた国の老女たちが、路上でアメリカのタバコを売る。そのすぐそばには、ベンツのオープンカーが停まっており、若いロシア人が携帯電話で話をしている。現代のロシアが抱えた矛盾を示す、縮図である。こうした光景を見ると、なぜ西側諸国がロシアに対する経済援助を必死で行い、この国で過激な勢力が影響力を強めるのを防ごうとしているのかが、よく理解できる。駅頭に立つ老女たち以上に、かつての超大国ロシアが味わっている屈辱を、はっきりと象徴するものはないからである。

56-04ЛЕЛ
U.S. CIGARETTES

ツァーの別荘拝見――オラニエンバウム

サンクトペテルブルグの郊外には、帝政ロシアの皇帝や貴族たちの離宮が、数多く残っている。街から二十五キロ南に離れたプーシュキンという村は、かつて「皇帝の村」と呼ばれていたことからもわかるように、ツァー（皇帝）の一家が夏休みなどを過ごすために使った壮麗な宮殿があることで知られている。帝政ロシアの宮殿は、その巨大さと、砂糖菓子のようにゴテゴテとした装飾で、フランスやイタリアの宮殿に比べて、華美で威圧的である。特に正面の幅が三百メートルもあるエカテリーナ宮殿は、空のように青い壁に、真っ白な円柱や窓を浮き上がらせ、その上に金張りのたまねぎ型の塔を四つ並べるという派手な造りである。

この宮殿には琥珀《こはく》をちりばめた、ぜいたくなモザイク画で有名な「琥珀の間」があったが、モザイク画は戦争中にナチスに盗まれ、大部分は今日も見つかっていないので、我々が見られるのは複製だけである。九〇年代の終わりに、ドイツで初めてモザイク画の一部が発見されたが、大部分はマニアか美術商が死蔵しているのであろう。こうやってヨーロッパのあちこちを旅行すると、ナチス支配下のドイツが、いかに数々の場所で、同時多発的に犯罪を行ってきたかが、よく理解できる。ロシアには縁もゆかりもなかったドイツの庶民たちが、ミュンヘンやフランクフルトから、このサンクトペテルブルグまではるばる狩り出されてきて、文化遺産を壊して帰ったと思うと、侵略戦争というものの馬鹿馬鹿しさに、腹立たしくなる。修復された後の宮殿は、色などがややキッチュで重みに欠ける。柱などをじっと観察すると、大理石の模様を、塗料で描いてある部分もあり、寒々しい気持ちになった。

このけばけばしさが気に入らない人は、電車に乗ってサンクトペテルブルグの西二十九キロの所にある、ペテルゴーフの宮殿に行くと良いかもしれない。この宮殿もナチス・ドイツ軍が破壊してしまったので、建物は戦後に再建されたものだが、フィンランド湾を借景にした、広々とした庭を散策するのは楽しい。

さらに電車で西へ進むと、オラニエンバウムというドイツ風の名前の宮殿がある。この宮殿は、ピョートル大帝がアレクサンドル・メンシコフという貴族に与えた土地に十八世紀に建てられたもの。サンクトペテルブルグ周辺の宮殿の中では、唯一ナチスに破壊されずに、元の姿を保っているという意味で、貴重である。私たちが訪れた九五年当時にはまだ外壁などの修復が進んでいなかったため、西欧の宮殿と異なり、風雨にさらされて荒れた様子が、時間の経過を感じさせて、むしろ私には気に入った。ナチスに壊されなかった宮殿が一ヶ所でもあったのは、幸いである。

さてこうして色々な宮殿を見て感じることは、帝政ロシアの貴族と庶民の暮らしの間にあった、天と地のような違いである。それを特に強く感じたのは、ある宮殿の一角に淡い水色の壁に、白い円柱を多くあしらった、砂糖菓子のように派手な建物を見た時である。実は、かつてこの建物の裏には巨大なすべり台があった。現物は取り壊されているので、今では見られないのだが、当時の絵に貴族たちがすべり台で遊んでいる様子が残されている。農奴や庶民が苦しい生活を強いられている時に、貴族たちは豪奢な宮殿を建て、美しい自然を嘆賞し、遊びほうけていた。これでは、革命が起きて、帝政が覆されても無理はないなと、思った。
ソビエト連邦が崩壊して、長年にわたり機密扱いされていた文書が少しずつ公開されたが、そうした中に、革命時にロマノフ家の最後の皇帝、ニコライ二世と家族を処刑した銃殺部隊の一人とされる、ミヒャエル・メドヴェージェフという男が書いたメモがあった。私は九三年にそのメモのドイツ語訳を読んだが、三百年以上ロシアに君臨した王朝の最後は、実に血なまぐさく、そしてあっけないものであった。皇帝の身体に何発も銃弾を撃ちこむ処刑者の姿には、庶民のねたみと憎しみが現われている。巨大なすべり台の跡地に、ニコライ二世が処刑される様子が重なって見えた。

アクセス　サンクトペテルブルグから電車で一時間。

なぜ教会がプールになったか――サンクトペテルブルグ

「宗教は阿片である」と言ったのは、カール・マルクスである。マルクス主義を思想的な拠り所として、帝政を打破し、ロシア革命に成功した共産主義者たちは、マルクスの言葉にしたがい、キリスト教を「民衆をまどわす思想」として敵視した。その爪痕は、私たちが一九九五年に訪れたサンクトペテルブルグにも、まだはっきり残っていた。

東京で言えば銀座通りにあたるネフスキー大通りには、十八世紀から十九世紀に建てられた堂々たる教会が多く残っている。その内の一つ、ベージュ色の外壁が美しい教会に入ろうとしたが、礼拝堂に通じる正面入り口は閉鎖されている。脇の入り口から階段をのぼり二階に上がってみて驚いた。この教会は、社会主義時代にスイミングプールに改造されていたのである。

ふつう祭壇があるはずの正面には時計が取り付けられ、プールの周囲には、体育館にあるような観覧席が設置されている。外見は教会で中はプールというのは、実に奇妙な印象を与える。内部だけを見たら、とてもこの建物が教会だったとは思えない。社会主義者たちは、教会を即物的なプールに変えてしまうことによって、神を冒瀆《ぼうとく》し、自分たちの優越性を誇ろうとしたのだろう。この建物は、九五年当時すでにキリスト教の団体に返還され、プールを取り壊して教会に戻す工事が進められていた。今度は社会主義時代の痕跡を消す作業が行われているわけである。

同じくネフスキー大通りに面したアルメニア教会、聖エカテリーナ教会でも、内部の装飾がすべて剝ぎ落とされ、レンガの壁が露出している。火事の直後かと思われるほどに荒れ果てていた。山のように高いドームで街を見下ろす聖イサーク教会、巨大な円柱が印象的なカザン教会、ペトロパブロフスク要塞の中にある教会でも、社会主義時代にはミサのための座席はなく、博物館として公開されていた。これらの建物が祈りの場としての性格を取り戻し始めたのは、ソビエト連邦が崩壊した後のことである。

ただし、キリスト教会が抑圧されたソ連でも、礼拝が完全に禁じられていたわけではない。マリンスキー劇場（旧キーロフ劇場）の近くにある聖ニコライ教会は、無宗教が建前の時代にも、礼拝が行われてきた数少ない教会の一つである。ロシアの教会にしばしば見られる白と水色の壁と、金色の玉ねぎ型の尖塔が美しい。私たちが訪れたのは、午後五時近くで、ちょうどミサが始まる時間だった。お年寄りや若い男女、子どもたちが吸い寄せられるように、礼拝堂に入っていく。祭壇の脇にあるキリストの聖画《イコン》に口づけするために、老女たちが長い列を作っている。

やがて祭壇の近くの扉が開いて、ロシア正教の聖職者を絵に描いたような、豪華な衣装をまとった老人が現われ、祈りの言葉をつぶやきながら、礼拝堂をしずしずと歩く。彼の後ろを歩く従者が、香炉を振り子のように揺らすと、きつい香の匂いが、礼拝堂に立ちこめた。信者たちは、誰に合図されるともなく、賛美歌を唄い始める。重々しく、憂鬱さに満ちたその歌声には、長い抑圧から解き放たれた宗教的な情熱が、落着く場所を求めて、さまよっているかのような響きがあった。

このミサを見れば、社会主義時代にも信仰が死に絶えていなかったことが、肌で感じられる。いや冷戦が終わって古い価値観が崩れ去ったのに、新しい価値観が生まれていない不安定な時代だからこそ、宗教への憧れが、より強まっているのかも知れない。

トロリーバスや市電に乗って、市民たちの不安げな表情を見ると、擬似資本主義の到来とともに、重要度が一気に高まった金銭とは別の価値、心の拠り所を宗教に求めても、不思議ではないという気がした。サリン事件で日本を騒がせた某宗教団体が、三万人もの信者をロシアに持っていたという事実も、この国の混沌を目にすれば理解できるだろう。

懐かしや、熊のサーカス――サンクトペテルブルグ

小学生の時に、両親に連れられて東京でサーカスを見に行った記憶が、おぼろげにある。木下サーカスだったか、ソ連からのボリショイ・サーカスだったか、はっきりしないが、子どもにとってては心がうきうきする体験だった。ヨーロッパでは日本に比べるとサーカスの伝統が、今も脈々と生き続けている。私と妻は、「サンクトペテルブルグに来たら、バレエとオペラ、それにサーカスは必修科目よ」とドイツ人の知人に言われて、ネフスキー大通りに近い、フォンタンカ運河に沿った一角に出かけた。

着いてみて、まずびっくり。サーカス小屋などと呼ぶのはもったいない、石の彫像やレリーフがちりばめられた、オペラ劇場のように立派な石造りの建物である。百二十年前に建てられたサンクトペテルブルグ・サーカスは、この国のサーカス劇場の草分けで、ヨーロッパのサーカス施設の中でも、最も優美な建物と言われる。革命前には、世界各国の有名なサーカス芸人がここに集まり、市民に演技を披露した。

入場料は、一番高い最前列でも二百五十ルーブル（約九百三十円）だが、「外国人は三百ルーブル割り増しになります」という表示に、またまたびっくり。ドイツではありえない、露骨な外国

人差別に文化の違いを感じる。

さて大きな鏡やけばけばしい照明で飾られた劇場の中は、おめかしした家族連れや、小学生の団体で満員の盛況である。女の子たちは、ロシア独特の、手製の大きなリボンで髪を結っていて、かわいらしい。

出し物はおなじみ空中ブランコや一輪車を使った曲芸、それにピエロの演技などだが、一番の見ものは動物の芸であろう。ロシアらしい小熊の芸に、子どもたちは大喜びだった。またライオンの火の輪くぐりや熊の棒渡りだけでなく、犬やアヒル、また普通は芸をしないはずの、猫の曲芸まであった。

ただし、芸をしようとしない熊が棒でぶたれて、芸を強制されていたのは、気になった。ロシアでは西ヨーロッパほど動物愛護精神がまだ発達していないのだろう。独立心が強く、あまり人間のいうことを聞かない猫までが、棒渡りなどの芸をするのは、体罰を加えているせいかも知れない。実際、二つの脚立の間に渡された棒の上をすばやく走る猫は、そわそわして、何かに怯えているように見えた。

米国で動物が出てくる映画では、末尾に「この映画の中に動物が登場するシーンは、動物愛護団体の監視の下に撮影されており、動物はいっさい虐待されていません」という断り書きが出てくる。それほど西欧や米国では、動物虐待に神経質になっている中、動物愛護団体の人がサンクトペテルブルグ・サーカスを見たら、気を失ってしまうかもしれない。西欧からの観客の中には、「ロシアのサーカスは動物をいじめるので、きらいだ」という人もいる。ロシアでは、西欧に比べて環境保護に関する意識も低く、欧州連合などが環境意識を高めるためのプロジェクトを行っている。動物愛護精神が育っていないのも、環境意識の低さと関係があるかもしれない。ロシアが西欧や米国と経済や文化の面で交流を深めていく中で、こうした面も少しずつ改善して欲しいものだ。

動物に対するいじめは不快だったが、このサーカス見物は私の記憶に深く残った。その理由は、正面のボックス席に陣取った楽団の、昔懐かしいサーカス音楽の演奏である。いわゆる「ジンタ」である。ちょっと大げさで、物悲しく、時代錯誤的な音楽は、私の目の前に、数十年前に東京で見たサーカスの情景を、まざまざとよみがえらせた。私が心の中に抱いていた「いかにも」サーカスらしい、俗っぽいイメージが現実として、目の前に再現されたのである。

サンクトペテルブルグは、過去の遺産を食って生きており、全てが古くさい町だが、特にこのサーカス劇場は、西欧や米国ではもはや見られないレトロな雰囲気に満ちあふれていた。そういった空気に浸りたいという方には、宮殿のような建物で繰り広げられるこのサーカスは、必見である。

＊フォンタンカ・サーカス（St. Petersburg Circus on Fontanka） HP：http://www.reserve.sp.ru/circus/hist_e.htm

ママ、熊がかわいそう……。

芸術への愛

サンクトペテルブルグは、芸術の都である。プーシュキン、ドストエフスキー、ゴーゴリがここで著作に没頭した。ムソルグスキー、ショスタコビッチ、ボロディン、チャイコフスキーら偉大な作曲家たちの一生の中でも、この街は重要な役割を果たしている。モスクワを政治・経済の中心とすると、サンクトペテルブルグを芸術・学問の中心と呼ぶロシア人は多い。私もモスクワへは何回か行ったことがあるが、全てが巨大である上に、首都らしい喧騒と、世俗性、とらえどころのなさを感じた。サンクトペテルブルグは、モスクワよりも小ぢんまりとしているので、外国人にも見通しがきき、親しみやすい。ちょっと東京と京都の関係に似ている。

ロシア人は芸術を愛し、自国の文化に強い誇りを持つ国民である。私の知り合いに、ちょっと風変わりなイタリア人の物理学者がいる。世界各国の大学に留学し、五ヶ国語を操る天才肌の彼は、身だしなみや家の中の掃除、金もうけなど、世俗的なことには全く無頓着だが、芸術や哲学にはきわめて造詣が深い。サンクトペテルブルグは、芸術と学問を愛する人にとっては天国である。彼の脳細胞はフル回転し、この国へ来てわずか一年間で、ロシア語を話せるようになった。自分の脳の中に強固な小宇宙を築き上げているせいか、めったなことで驚かない彼が、ある時ひどく感動したように言ったことがある。「サンクトペテルブルグの地下鉄や電車の中では、たくさんの人が詩の本を読んでいるので、びっくりした。西ヨーロッパでは、こんな光景を見たことは一度もない」。ロシア市民の芸術への愛を、象徴するエピソードである。

さてサンクトペテルブルグのネヴァ川とフォンタンカ運河にはさまれた地域には、特に劇場や美術館が多く、芸術に関心のある人は、ここに何日通ってもあきないだろう。ネフスキー大通りの書店「ドーム・クニーギ」の裏あたりに、プーシュキンの銅像が立った小さな広場がある。芸術の広場と呼ばれるこの空間は、大通りに近いにもかかわらず喧騒からさえぎられており、ほっとさせてくれる。私たちはある夕刻、この広場に面した、サンクトペテルブルグ交響楽団のコンサートホールへ行った。

この日は金曜日だったので切符があるかどうか心配だったが、天気が良かったためにロシア人たちはダーチャ（週末などを過ごすために、郊外に建てた別荘や小屋）へ繰り出したのか、当日券が余っていた。しかも、ドイツ人の知り合いがロシア語で交渉してくれたおかげで、外国人向け価格ではなく、ロシア人価格で切符を買うことができた。ロシアの美術館や劇場では、しばしば外国人とロシア人の入場券の間に、天と地ほどの差がある。私たちが手にした、ロシア人価格のフィルハーモニーの切符は、一九九五年の交換レートで三十円くらいだった。

帝政ロシアの時代には、貴族のクラブがあったと言われるフィルハーモニーの建物は、歴史の重みを感じさせる。ホールには、堂々とした円柱が立ち並び、重厚な雰囲気である。音楽マニアの方は「音響効果は、現代的なコンサートホールの方が良い」とおっしゃるかもしれない。だが、ここで聴いたショスタコビッチとマーラーの音楽は、その演奏に込められた情熱で、私を圧倒した。ミュンヘンなどの近代的なコンサートホールで聴く、整然とした、しかしどこか情熱に欠ける演奏に比べると、強く訴えかけるものを感じた。それは、コンサートホールに満ちた歴史の香りと音楽との相乗効果であろう。

ところで聴衆は、着飾った市民や観光客よりも、年金生活者と思われるお年寄りが、圧倒的に多かった。社会は混沌とし、生活は楽でなくとも、普段着でこうした質の高い芸術を楽しむことで、ひとときの癒しを得ることができる。オーケストラの人々、そして音楽に聞き入るサンクトペテルブルグっ子たちの表情には、祖国の芸術を愛し、育む国民の静かな誇りが感じられた。

ロシアで電車に乗る

旧ソ連へ来て、いつも感動させられるのは、地下鉄である。モスクワの地下鉄は有名だが、ここサンクトペテルブルグも例外ではない。まず、西側の地下鉄に比べて異様に深い所を走っており、改札を通ってエスカレーターに乗ると、地下二百メートル位のところまで、延々と降りていく。エスカレーターはかなりの速度だが、「地の底」につくまでにずいぶん時間がかかる。下に着いてからふりかえって見ると、昔のＳＦテレビ映画「タイムトンネル」を思わせる光景であり、自分がいかに深い穴の中にいるかがわかる。駅がこれほど深い所に造られている理由は、路線の一部がネヴァ川という大河の下を通っているということ以外に、空襲や核戦争に備えた防空壕の役割もあったのではないかと言われている。

さて一九五〇年代に造られた地下鉄のプラットホームや通路には、アールヌーボーの装飾がちりばめられており、思わず立ち止まって眺めてしまう。特に美しいのは、「プーシュキンスカヤ」駅や「ヴラジミルスカヤ」駅で、大理石の壁、真鍮製のランプ、社会主義的モチーフの装飾など、西側の今日の駅には見られない風格が感じられる。同じ社会主義時代に建てられた高層住宅がおそろしく無味乾燥であることを考えると、不思議な対照である。

サンクトペテルブルグの地下鉄は、東京の地下鉄並みに正確だ。ほぼ三分おきに電車が到着し、東京やミュンヘンの地下鉄を上回る猛スピードで、耳をつんざくような轟音を発しながら、地底を突っ走る。電車も古い割にはそれほど汚れておらず、ミュンヘンやロンドンの地下鉄に見られるような落書きもない。このスケールの大きな地下鉄には、東側陣営の盟主だった、ソビエト連邦の雰囲気が残っている。

私は世界のどの街へ行っても、地下鉄に乗って乗客たちの様子を観察するのが好きだ。どの国でも庶民の足だからである。ロシアでは、米国やドイツに比べて外出するときにおめかしをしている女性が目立つ。ここに住んでいるドイツ人の知り合いによると、ロシアの女性は外出する時に、西側の人々よりもはるかに外見に気を使い、おしゃれをしようと、自分でドレスなどを縫う人も多いという。

さて地下鉄に比べると、地上を走る電車は、イライラするほど遅い。木製の電車は汚れ放題で、空気がよどんでいる。ロシア人がよくポリポリかじっているヒマワリの種のカスが、床を覆っている。木製の堅い座席で、お尻が痛くなる。遅れも多く、電車はよく混んでいる。雑誌や新聞、本の売り子が、入れ替わり立ち替わりやってきて、大声で口上をまくしたてるので、落ち着いて車窓の風景を眺めていることもできない。ただし、西側から来た人間には、電車代は安い。一九九五年には、片道四十キロを電車で往復して、切符は当時の交換レートで二十円くらいだった。電車は悲しいが、西側では見られないような立派な駅が残っている。特に皇帝が離宮へ電車で行くときに使った「ヴィテブスク」駅は、見事な装飾に覆われており、帝政ロシアの雰囲気が漂っている。待合室に鏡がたくさんあるのは、貴族の女性たちが、姿見として使ったものであろうか。

私は一九九一年の取材旅行の際に、ベルリンから、ソ連の西端、ベラルーシ共和国のブレストまで夜行列車に乗ったことがある。ソ連を表わす「ＣＣＣＰ」の色鮮やかな紋章が、誇らしげに車体を飾っていた。鎌とハンマーが地球を覆い、その上に赤い星が輝いている。今となっては消え失せた帝国のシンボルである。寝台車では、狭い客室に六人が眠る。ベッドに座ると、天井に頭がつかえるカイコ棚である。シーツと枕カバーは、いつ洗濯したかわからないような代物。窓も泥と埃で真っ黒に汚れている。トイレもしばしば壊れて、廊下に汚水があふれてくる。

だがソ連の列車の旅は、悪いことばかりではない。朝になると、通路の一角にあるサモワールから、紅茶を飲めるのがロシアらしい。ユーラシア大陸を東へ走る列車の中で、朝日に照らされる大地を見ながら飲む紅茶の味は、格別である。ミンスクからベルリンへ帰る時には、同じコンパートメントのドイツ人が、プラットホームの売り子から、ニンニクを漬けたウオッカを買ってきた。列車が一路ドイツへ走る中、ニンニクと火酒のパワーが、私とドイツ人たちの、政治に関する夜を徹しての議論を、一段と活発にしたことは言うまでもない。

中欧でタイムマシーンに乗ろう

中欧のパリ――プラハ

子どもの頃から、美しい街に住みたいという欲求があった。ミュンヘンは美的な尺度で見て、及第点を与えられる街だが、ややレトロな雰囲気に欠けるきらいがある。なにせナチス党を生んだ場所なので、第二次世界大戦中には連合軍の怨嗟《えんさ》の的となり、空襲でめちゃくちゃに壊されたからである。新しい建物が多く、伝統的な建築物でも、復元であることが多いのは、ちょっと淋しい。そう考えると、戦争による破壊を免れたプラハは、始終いくさが行われてきた欧州で、宝物のように貴重な街だ。ここは、ドイツも含めた中部ヨーロッパで、中世から栄えた大都市の雰囲気を、今なお感じ取ることができる数少ない街の一つである。そして、私にとって、ヨーロッパの中で、特に絵心をくすぐる街でもある。

数え切れないほどの塔がおりなすスカイライン。プラハの街のシルエットを見るたびに、子どもの頃に絵本で見た魔法の国を思い出す。そして塔の間に見え隠れする、大聖堂の緑色のドーム。植物が壁にまとわりついたまま、凍り付いてしまったような、アールヌーボーの壮麗な建築物。堂々たる尖塔と、多くの彫像をはべらせたカレル橋のように優美な橋が、世界にいくつあるだろうか。長年にわたり風雨にさらされて、セピア色や暗い黄色にくすんだ建物。

この街ほど、絵や写真になる大都市は、世界にもあまりない。社会主義時代に出版された『王の道』という写真集をプラハで見つけたが、モノクロームの映像がとらえた古都、とりわけ雪の日の風景は、美しい。

プラハの中で私が最も気に入っているのが、旧市庁舎広場とブルタバ（モルダウ）川にはさまれたユダヤ人地区である。中世以来ゲットーがあったこの場所には、礼拝に使われているシナゴーグ（ユダヤ教会）としては、ヨーロッパで最古の「旧新シナゴーグ」や、ヘブライ語の数字が書かれた時計台を持ち、ピンク色の壁が美しい「ユダヤ人地区集会所」などが残っているため、かつてのユダヤ人街の雰囲気を感じることができる。ヨーロッパのほとんどの街では、ナチスによってシナゴーグが破壊され、現在残っている所でも、テロを警戒して内部を公開していない所が多い。つまり「旧新シナゴーグ」は、今なお「生きている」宗教施設を見ることができる貴重な場所である。中に入ると、キリスト教会とは異質な、より厳格な雰囲気が漂っている。特に十四世紀にカレル四世からユダヤ系市民に贈られた旗は、中世以来ユダヤ人たちが権力者を経済的に援助するかわりに、保護を受けてきた歴史を思い出させる。

ユダヤ人地区のハイライトは、なんといっても墓地だ。十五世紀以来、約三百五十年間にわたって狭い敷地で埋葬が行われてきたため、一万二千個の墓石が、折り重なるように層をなしているのだ。まわりの建物がすぐそばまで迫った、猫の額のように小さな場所である。空き地がなくなると、新しく土を盛っては、埋葬場所を作ったため、墓地が丘のようになっている。苔むしたユダヤ教独特の墓石が、林立している様は壮観である。私が訪れた時は、墓石の間の地面を、黄色や茶色の枯葉が埋め尽くし、京都・化野の念仏寺を連想させた。また、風雪にさらされて、墓碑銘が判別できなくなった墓石を見ていたら、ある伝説を思い出した。中世に、あるユダヤ教の導師が、プラハのユダヤ人社会を敵から守ろうと、粘土から人間の像を作り、口に神の名前を記した紙片を入れ、魔術によって生命を吹き込んだという物語だ。石の荒れた表面が、この世界最初のロボット、ゴーレムの肌を思い起こさせたのである。ゴーレム伝説には、何百年にもわたり迫害されてきたユダヤ人たちの、「強力な守護者が欲しい」という悲願が込められている。

　ところで、墓地の近くの博物館には、ユダヤ教関連の遺品や資料が大量に保存されているが、これほどユダヤ教についての文化財がプラハに集中している理由を聞いて、複雑な気持ちになった。ナチスは、ヨーロッパのユダヤ人を絶滅させた後、この街に「死に絶えた民族の文化に関する博物館」を建設することを計画していたのである。そう考えると遺品やシナゴーグには、プラハから移送されて、強制収容所で非業の死をとげた数多くのユダヤ人たちの姿がだぶって見える。

　ナチスの支配下に置かれたプラハのユダヤ人たちに、ゴーレムはやって来なかった。イスラエルを建国したユダヤ人たちは、強力な国防軍という「ゴーレム」を作ったが、ナチスによる大虐殺の犠牲となった民族が、今度はパレスチナ人たちと血で血を洗う戦いを繰り広げている。中世のゴーレムは、導師が口から聖なる紙片を取り除くのを忘れた時、暴走し始め、導師の家の中をめちゃめちゃに壊してしまう。現代のゴーレムが、戦いをやめることができるのは、いつになるのだろうか。

ドイツよりうまい？　ビール王国チェコ

日本人はビールというとまずドイツを思い出すが、ヨーロッパに来てからは、チェコのビールの方が美味しいと思うようになった。チェコのビールは概して、ドイツのビールよりもこくがあり、独特の風味を持っているのだ。色も濃く、黒ビールが多い。ドイツ人の酒飲みに尋ねても、チェコのビールに軍配を上げる人は少なくない。ドイツのビール製造者協会の調べによると、国民一人あたりのビール消費量がヨーロッパで一番多いのはチェコで、百六十リットル。ドイツは百三十二リットルと、第二位に甘んじている。つまりチェコは世界一のビール王国ということができるのだ。

その活気は、プラハのカレル橋に近い、中世以来の居酒屋「ウ・フレク」へ一歩足を踏み入れれば、感じられる。フレスコ画で飾られた、六つの部屋や、中庭のビアガーデンは常に満員。この店は、自家製の黒ビールで知られ、注文しなくても席に着くと、給仕が自動的にこのビールを目の前に置いてくれる。

「ウ・フレク」で醸造されるビールは、瓶詰めでは売られておらず、輸出もされていない。口に含むと、独特の香りがあって、ドイツのビールとは大違いである。ちょっとくせになりそうな、深い味だ。またチェコのビールは、ドイツ・バイエルン州のような一リットルのジョッキではなく、半リットルの小ぶりなジョッキで出てくる。チェコ人はビールの風味を守る泡について、神経を使い、生ビールの泡は、鉛筆を立てても倒れないほどの密度がなくてはいけないとされている。

「フレクさんの店」という意味の名前を持つこの居酒屋がビールを作り始めたのは、一四九九年。世界的に有名なミュンヘンのホーフブロイハウスよりも、約百年古い。中世以来綿々とビールを醸造し売り続けている、中部ヨーロッパでは数少ない店の一つである。この店は特に十九世紀末に繁盛し、プラハの作家や俳優、ジャーナリストなどの溜まり場となった。現在では外国からの観光客が多く、ミュンヘンのホーフブロイハウスのような、騒がしい雰囲気になってしまっているのは残念だが、プラハへ来たら一度は行ってみたい場所である。濃いビールと肉料理を味わった後は、ブルタバ（モルダウ）河畔に出て夜風にあたりながら散策しよう。対岸の丘の上に大寺院と城塞が、幻想的な照明の中に浮かび上がるのが見え、プラハが最も美しくなる瞬間を楽しむことができる。

チェコのビールの歴史は古く、ホップの栽培についてはすでに九世紀の文書に、またビールの醸造については一〇八八年の文書に記されている。特にチェコ西部のボヘミア地方では、質の良いホップが栽培されたため、中世には修道院でビールが作られたほか、家庭でも自分で飲むためにビールが作られていた。またこの地方のホップはバイエルンに送られたほか、エルベ川を下って、遠くハンブルグまで運ばれている。つまり現在ドイツと呼ばれる地域のビールも、古来ボヘミア地方のホップのお世話になってきたのである。

実際ドイツの日常生活の中でも、ボヘミア地方こそがビールの先輩格であるということに、気づくことがある。たとえば、ドイツでは、細長いコップに入れられて、たっぷり泡の盛られた苦味の強い生ビールを「ピルツ（Pils）」と呼ぶが、これはチェコ西部のビールの産地として知られるプルゼン＝Plzen（ドイツ語でピルゼン）から来た言葉である。ドイツのスーパーマーケットや酒屋でも、チェコのビールが売られているのをよく目にする。

ドイツで最も人気のあるチェコのビールが、ブドヴァイザー（Budweiser）である。チェコ南西部のチェスケ・ブディヨヴィツェで十五世紀から醸造されているこのビールは、チェコから輸出されるビールの約三十%を占める、ヒット商品である。ドイツ人にはこの地名が発音しにくかったので、この町をドイツ語風にBudweis（ブドヴァイス）と呼んだが、外国では読みやすいこの名前で有名になった。

チェスケ・ブディヨヴィツェで作られているビールは、同じ名前を使っている米国のバドワイザーとは全く味が違う、こくが深いチェコ風麦酒の重鎮だ。この商標をめぐっては、チェコの企業と米国の企業の間で、どちらが本家本元かについて、論争が起きている。また米国にMichelobというビールがあるが、これもビールの醸造所があるチェコの町に由来している。米国に渡った移民がチェコの都市の名前をビールに与えていることを見ても、この国がビールの歴史の中で、いかに重要な役割を持ってきたかがわかる。ビール党ならずとも、千年の歴史が生んだチェコの麦酒の喉ごしを一度は味わってみる価値はあると思う。

Piwowar u Fleku
HRÁDČA ZAHRAD

タクシーはつらいよ——プラハ

絵画のように美しいプラハだが、不愉快な面もある。ある夜、カレル橋に近いタクシーの溜まり場から、ホテルに帰るために、タクシーに乗った。ベージュ色に塗られた、真新しいドイツ車で、車内も清潔である。ところが、車が走り出してから、メーターを見て驚いた。通常のメーターに比べると、五倍くらいの速さで、値段が上がっていくのだ。客から法外な料金を巻き上げるために、メーターに細工がしてあるのだ。文句を言おうにも、運転手は英語を全く話さない。ホテルに着くと、市内を十分くらい走っただけなのに、およそ七千円に相当する金額だった。警察に行こうかとも思ったが、夜でもあり相手は頑強に支払いを迫るので、やむなく支払った（こういうところ、やっぱり日本人ですね、私）。

こうした被害にあったのは私だけではなく、プラハの「ごまの灰」タクシーは、外国人観光客やビジネスマンの悩みの種となっている。中には、法外な料金の支払いを断って、運転手になぐられてけがをしたり、拳銃を突き付けられたりした客もいるという。プラハの事情に詳しいドイツ人によると、観光名所の近くで、新車のタクシーに乗って、客待ちをしている運転手はほぼ全て、法外な料金を請求する。事情を知らない外国人がもっぱら被害にあうので、この街で働く外国企業の関係者たちは、プラハ市当局に何度も取り締まりを求めているのだが、一向に改善の兆しが見られない。私も中欧・東欧のあちこちでタクシーに乗っているが、プラハほど無法タクシーが幅を利かせている都市にはお目にかかったことがない。

では、無法タクシーに対抗するにはどうすればよいのか。まず、溜まり場のタクシーを避けて、流しのオンボロタクシーを探す。実際ある晩に、社会主義時代に作られた、今にも分解しそうなシュコダ社製のタクシーを拾ったら、「明朗会計」で、無法タクシーに比べて、十分の一以下の料金だった。ただこういうタクシーはめったに見つからない。無法タクシーの横行に対抗して英語を話す運転手をそろえた明朗会計のタクシー会社も登場しており、ビジネスマンに人気がある。ただし事前の電話予約が必要だ。

プラハで働いているあるドイツ人は、「外国人をカモにするのはタクシーだけではない。たとえばチェコの警察は、高速道路などでのスピード違反の取り締まりでも、外国人を重点的に狙う」と言っていた。インタビュー後の雑談でこの話を聞き、「へえ、そんなものかな」と他人事のように思っていた私は、まさか自分がその後にターゲットになるとは思わなかった。

タクシー運転手に法外な料金を取られてから、私は、プラハでの取材には市電や地下鉄を使うようになった。ミュンヘンでは、一度切符を買ってスタンプを押せば、特定のゾーンの中ならば、一定の時間にわたり、市電、地下鉄、バスを何度でも乗り換えられる。つまり、乗り換えるたびに切符を買ってスタンプを押す必要はないのだ。プラハの地下鉄の駅には、ドイツと同じように改札がない。ドイツの仕組みに慣れていた私は、ついプラハでも同じ規則だと思い込み、市電から地下鉄に乗り換える時に、スタンプを押さなかった。インタビューの時間が迫っていたので、駅の掲示板に貼ってある、細かい字で書かれた規則を読んでいる暇もなかった。

するとと、地下鉄のホームの手前で私服のチェコ人が私を呼び止め、流暢《りゅうちょう》な英語で「切符を見せろ」という。彼は私の切符を点検すると、「市電から地下鉄に乗り換える時には、新しい切符を買って、スタンプを押さなくてはだめだ。これは規則違反に当たるので、すぐ罰金を払え」と言う。私は最初検札を装った詐欺かと思ったが、男はプラハ市交通局の身分証明書を持っていた上、現金で払わないと警察に行かなくてはならないというので、約千五百円分の罰金を払った。

私が腹を立てたのは、この検札係が、地下鉄のホームに向かう他の乗客には見向きもせずに、外国人である私だけを呼び止めたことである。ドイツでも、同じように私服の検札係による抜き打ち検札はあるが、国籍を問わず乗客全員の切符を点検する。通路での検札では、職員が人の壁を作って、切符を見せなくては通れないようにする。外国人だけが、切符を点検され、他の人は素通りなどということはあり得ない。

これほどあからさまな差別を、この美しい古都で味わうとは思わなかった。社会主義政権が崩壊してから五年しか経っていなかった当時のプラハでは、そうした行為が外国人差別にあたるという感覚が、ドイツに比べて欠けていたのだろうか。

TAXI
SKODA
414100
キキキッ
TAXI
TAXI
93893
TAXI
8932893

世界で最も贅沢な喫茶店――ブダペスト

喫茶店は、いつの時代にもジャーナリスト、そして旅人の友である。取材で時間があまった時、メモや簡単な原稿をまとめる時、そして集中豪雨に見まわれた時などには、喫茶店が仕事場または、憩いの場所になってくれる。私の仕事や暮らしに喫茶店はなくてはならないものであり、コーヒーに目がないことも加わって、いろいろな国の喫茶店を利用してきた。ヨーロッパには、百年前に建てられた館を利用した喫茶店が、たくさん残っている。古い建築に興味がある私には、こうした喫茶店へ行くことは、単にコーヒーを飲むだけでなく、その国の過ぎ去った栄光の時代や、当時の人々の生活ぶりを感じ取る作業でもある。喫茶店遍歴の中で、私が世界で最も贅沢だと思った喫茶店は、ハンガリーの首都ブダペストにある。

ブダペストはブダとペストの二つの地区から成るが、ペスト地区の東駅にほど近い大通りに面して、バロック風の宮殿のような建物がそびえている。この街の多くの建物がそうであるように、高さ何十メートルもの尖塔を持ち、壁面は彫像や円柱でゴテゴテと飾られている。壁の低い部分は排気ガスと埃で真っ黒に汚れているが、天をつくような重々しい尖塔は、まだ元の石材の白さをとどめている。

この御殿のように仰々しい建物が、一八九四年に開かれたカフェ「ニューヨーク」[*]である。中に入って腰を降ろすと、これが本当に喫茶店かねと思ってしまう。フレスコ画で覆われた、高さが十メートルはある天井、砂糖菓子のようにねじれた大理石の太い円柱、金色の額縁に納められた鏡などの派手な装飾は、貴族の邸宅かバロック風の教会を思い起こさせる。地下に通じる階段の上には、金色のアーチに丸い時計がはめられており、巨大な駅に来たような奇妙な印象を与えている。日本語で「喫茶店」というと、こぢんまりとしていて、客同士が肩を寄せ合う、居心地の良い小箱のような店を思い出すが、所変われば品変わる。ニューヨーク喫茶店のスケールの大きさは、わたしたち日本人の喫茶店に関するイメージを完全に壊してくれる。これが、ハップスブルグ時代の喫茶店の概念なのである。

ハップスブルグ帝国の下で栄えたブダペストには、ウィーン文化の影響を受けて、十九世紀末には六百もの喫茶店があったが、ニューヨークはその中で最も栄えた店であった。ニューヨークというハンガリーらしからぬ店名は、十九世紀にこの建物を現在の面妖かつ華美なスタイルに改装した、保険会社の名称から来ていると言われる。

この喫茶店は、十九世紀に開店された時から、第二次世界大戦にかけて、ハンガリーの作家やジャーナリスト、劇作家、画家、彫刻家たちの溜まり場となった。常連客たちは決まったテーブルにつき、政治や芸術に関する議論を戦わせた。一杯のコーヒーで何時間もねばることができたし、空腹になれば、付属のレストランでフルコースの食事をとることもできた。

ブダペストのゴシップやスキャンダルに関する情報が、ここで取り交わされた。作家やジャーナリストたちにとってニューヨーク喫茶店は、仕事場でもあり、常連客はボーイに頼めばペンや紙をもらったり、原稿やメモを出版社や新聞社に届けさせたりすることもできた。喫茶店でよく書き物をする私にとっては、古き良き時代を感じさせる夢のような話だ。

しかし、その後この国を襲ったナチズムと共産主義は、独立心にあふれた芸術家やジャーナリストのサークルを抑圧し、談論風発の気風に基づいたカフェ文化を衰退させた。特に共産主義時代には、この建物は一時スポーツ用品店として使われていたという。その後喫茶店は再開されたものの、現在では、ブダペストっ子よりも外国人観光客の方が目立ち、十九世紀末の文化サロンの面影は失われている。あちこちにぶら下がった、社会主義風の画一的な丸い電灯も、内装にそぐわない。最近では店に入るために、入場料まで取るようである。鉄のカーテンの崩壊とともに、伝統のある店が、地元の人には近づきがたい観光名所になってしまうのは、困ったことである。したがって今日、ハップスブルグ帝国末期の、この店の雰囲気に想いを馳せるには、大理石の柱に手を触れて、目を閉じ、かなり想像力をふくらませなくてはならない。

冷戦終結後、経済水準が上昇するにつれて、ペスト地区には、ハンガリー人のヤッピーを標的にした、新しい喫茶店も現われ、常連客を集めつつある。だが彼らは喫茶店で政治や芸術について議論するのではなく、もっぱら携帯電話で話しこんでいるようである。

＊「カフェ・ニューヨーク」（New York Kávéház）は地下鉄M２で Astoria 駅下車。

MAGYAR

歴史の荒波──ポーランド

中部ヨーロッパで最も好きな国の一つはポーランドだ。どこまでも続く平原。田舎道で荷車をひく、美しい馬。日本への関心も高い。先日あるポーランド人の会社員と話をしたら、谷崎潤一郎の『細雪』のポーランド語訳を読んでいたので、びっくりした。日本に対して好意的なのは、日露戦争でロシアを破ったためだけではない。ヨーロッパ人としては、感情のひだが比較的細やかな民族であり、日本人と発想が似ている部分もある。また、ヨーロッパで最も激しく歴史の荒波に揺さぶられてきた国であることも、人々の振る舞いに影響を与えている。

初めてポーランドで取材をしたのは、一九八九年の夏。ベルリンの壁が崩壊する直前、共産主義政権の終末が近づいていた頃だった。物不足はまだ深刻で、首都ワルシャワでは、朝八時に肉を売る店の前に長い行列ができていた。

しかし、共産主義政権下の不自由な生活にもかかわらず、人々はユーモアを忘れず、特に年配の人たちは、それまでに出会った多くの西ヨーロッパ人よりもはるかに礼儀正しかった。私が一緒に仕事をしたA氏というポーランド人の男性は、五十歳前後の紳士で、女性に会うと、かつて貴族がそうしたように、腰を低くして、女性の手の甲に軽くキスをした。女性とレストランに行くと、必ず後ろに回って椅子を引いてあげ、女性が席に着くまで自分は座らない。こうした習慣は、米国やドイツでは見たこともなかった。ポズナニの歴史研究所へ取材に行った時、所長も女性の通訳の手の甲にキスをしていたから、A氏にかぎらず、年配の人々の間でよく行われていた習慣のようである。共産主義の支配下でも、貴族的な伝統が生き続けているのは、新鮮な驚きだった。

A氏は、祖国に対する誇りが強いポーランド人を、絵に描いたような人物だった。ある時私は、アウシュビッツ強制収容所で生き残った、元ポーランド軍兵士と話をした。一九三九年にナチスドイツ軍が西からポーランドに侵攻した直後、東半分はソ連に占領されて、国家は消滅した。元兵士は、こう言った。「私はドイツ軍の捕虜になり、アウシュビッツに入れられてまだ運が良かったのです。なぜならば、ソ連軍に捕まっていたら、直ちに処刑されていたからです」。

強制収容所の悲惨な生活を、彼がするどい皮肉をこめて「幸運」と呼んだことは、私の心を刺した。この言葉が、ポーランド国民の味わった悲劇を象徴しているように思えたからである。取材の帰り道に、車の中でこの話をA氏にしたところ、彼はハンドルを握ったまま、大声で泣き出したのである。私は自国の歴史に関するこれほど感情的な反応を、他の国では見たことがなかった。

それから二年後。鉄のカーテンが崩壊した後のワルシャワは、別の街のようになっていた。店には商品があふれ、共産主義時代にはドルかマルクを欲しがったタクシーの運転手が、ポーランドの通貨ズロチしか受け取らなくなった。ソ連風の高層ビル「文化科学宮殿」のてっぺんに、コンピューター会社の広告が取りつけられている。スターリンからの贈り物として、ポーランド人に忌み嫌われていた共産主義支配のシンボルが、広告塔のように使われていたことは、ポーランドへの資本主義の急速な浸透ぶりを、何よりもはっきりと物語っていた。

さて二年ぶりに再会したA氏は、相変わらず親切だったが、私はある事実を知って心の底からがっかりした。自宅で、彼の長男とガールフレンドに会ったのだが、二人が外出してからA氏はこう言ったのだ。「私は自分の息子をあの女とは絶対に結婚させない。あの女はユダヤ人だからだ。ずるがしこく、いつの時代にも甘い汁を吸うユダヤ人は、全員ポーランドから出て行って欲しい」。ナチスとソ連による支配や弾圧を経験し尽くしたにもかかわらず、自分がユダヤ人を憎んでいることを堂々とひけらかす神経に、私はぞっとした。

戦前・戦中のポーランドでは、映画「戦場のピアニスト」に出てくるように、危険をおかしてユダヤ人をかくまう市民がいたが、一方では反ユダヤ主義的な思想を持つ市民もいた。A氏は、今なお庶民の一部に反ユダヤ主義が残っていることを、身をもって教えてくれたのである。誤解して欲しくないのだが、A氏のような人物は少数派であり、ほとんどのポーランド市民は反ユダヤ主義と訣別しているに違いない。また、反ユダヤ主義が特にポーランドで強いわけではなく、ドイツやフランスなど、欧州のどの国も似たような問題を抱えている。人々と話をすると、民族問題の根の深さを感じる。時には不愉快なこともあるが、ヨーロッパで寄り道をしなければできない体験である。

1989年

1991年
XYZ COMPUTER

ポーランドの至宝——クラクフ

私が初めてクラクフを訪れたのは一九八九年の夏、まだ社会主義体制が続いている頃だった。ワルシャワやポズナニなど他のポーランドの町とは違って、第二次世界大戦で古い建物が破壊されていないため、町並みの美しさに目を奪われた。

鉄のカーテンが崩壊した後、一九九四年にも訪ねてみたが、近くの製鉄所からの煤煙で汚れていた建物も、徐々に修復が進み、町が明るさを増しているように思えた。新しいレストランや喫茶店、商店が次々に開かれ、社会主義時代のわびしい感じは、ほぼ完全に消え去っていた。

クラクフは、十四世紀から約三百年間にわたり、ポーランド王国の首都だった。中世からルネサンス時代にはヤギェウォ王朝の下で、欧州の主要都市の一つに発展した。十四世紀に大学が創設された、古くからの文化都市でもあり、コペルニクスがここで学んでいる。レオナルド・ダ・ビンチの名作「白貂《てん》を抱く貴婦人」もこの町の美術館にある。クラクフの町を歩くと、当時の栄華をしのばせる建物が、あちこちで目につく。

たとえば、町の中心の広場には、たくさんのアーチと円柱を持つ、ルネサンス風の壮麗なホールがある。破風《はふ》に取り付けられた球の装飾や、淡いベージュ色の壁が、エキゾチックな雰囲気をかもしだしている。この建物が「織物会館《スケンニッツェ》」と呼ばれるのは、中世以来ここで反物や布地が取引されたためだろう。

同じ広場に立つ聖マリア教会には、高さ十三メートル、幅十一メートルという、ゴシック風の祭壇としては、欧州でも最大級の作品が保存されている。十五世紀にニュールンベルグの彫刻家ファイト・シュトースが、聖母マリアの死を題材として、菩提樹の木材から作った物で、聖母マリアに対する信仰心が特に篤い、ポーランドにふさわしい傑作である。第二次世界大戦中、クラクフにポーランドを統治するための本部を置いたナチスは、この祭壇を略奪し、ニュールンベルグに移したが、祭壇は戦後無事にクラクフに帰ってきた。

千年の歴史を持つクラクフには至る所に伝説や逸話が残っているが、この聖マリア教会もエピソードには事欠かない。たとえば、この教会の塔からは、正時ごとにラッパの音が時報として鳴らされるが、そのメロディーはぷっつりと途切れる。これは、中世にタタール軍の襲来を市民に報せようとして、見張り人がこの塔からラッパを吹き鳴らしている途中に、敵の矢に射られて命を落としたことを表現しているのである。常に外国軍の脅威にさらされてきたポーランドらしい、悲しい逸話である。

クラクフの町は中世都市らしく、十五世紀に造られた堅固な城壁や、石を積み上げて作った重厚な門に四方を囲まれている。プランティと呼ばれる城壁の上には、樹木が植えられて、市民の散歩道となっている。夏の週末になると、城壁は、画家の卵たちが自慢の作品を陳列する野外ギャラリーに早変わりする。壁の上の野外喫茶店「ウ・ザリピアネク」は、夏には席がなかなか見つからないほど人気がある。

十八世紀にポーランドがオーストリアなどによって分割される憂き目にあった時、クラクフはハップスブルグ帝国に編入されたが、ウィーンとブダペストに次ぐ、帝国第三の都市として成長した。その影響で、ウィーン風のカフェ文化もクラクフに残っている。フロリンスカ通りの喫茶店で、壁が油絵で埋め尽くされた「ヤマ・ミハーリカ」には、十九世紀以来、芸術家やジャーナリスト、学生たちがポーランドの独立をめぐって、議論を戦わせた溜まり場の雰囲気が今も漂っている。この店は、地下のホールで政治家を風刺する漫談などのショーが行われることでも有名。

クラクフはしばしば支配者に対する抵抗運動が起きた町でもある。この町で聖マリア教会の司教だったカロル・ヴォイティワがローマ法王（ヨハネ・パウロ二世）になった後に、一九七九年にクラクフを訪れた時、この町は百万人の市民でふくれ上がった。この時に彼が語った「（弾圧を）恐れるな」という言葉は、社会主義体制に反対してデモやストライキを行い、自主管理労組「連帯」を結成したポーランド国民にとって、精神的な支えになった。

西欧からの団体観光客がまだそれほど多くないクラクフは、波乱に満ちた中欧の歴史に、落ち着いて思いを馳せるには、絶好の場所である。

アクセス　ベルリンから直通電車で九時間五十分。ワルシャワからは二時間半。

独裁者・一炊の夢――リンツ

ヨーロッパの古い街には、判で押したようなパターンがある。大きな川に面しており、川を見下ろす丘がある。丘の上には城塞と教会が築かれている。丘からそれほど遠くない場所に街の中心となる広場があり、広場に面して市庁舎がある。オーストリアのリンツにも、この不文律が当てはまる。この街は中世以来、アルプス地方からドナウ川を越えて、ボヘミア地方に抜ける交易路に沿っていたため、繁栄した。丘の上の城塞にある小さな教会は、西暦七九九年の文書にすでに現れており、オーストリアに現存する最も古い教会である。作曲家ブルックナーがこの街で教会のオルガン奏者をつとめたほか、モーツァルトもここで「リンツ交響曲」を書き上げた。

しかし今日のリンツには、かつての文化都市の印象はない。鉄筋コンクリートの無味乾燥な建物。観光客をひきつけようと大きな看板を掲げる賭博場。町並みがちぐはぐとして、ささくれだった印象を与える。リンツには製鉄工場があったため、第二次世界大戦中に連合軍の激しい爆撃を受けて、荒廃した。町の雰囲気はそのことと無縁ではなかろう。

リンツはオーストリア出身の、二十世紀最悪の犯罪者の一人が、惚れ込んだ街でもあった。ブラウナウという小さな町で生まれたヒトラーにとって、この街は最初に見た「都市」だった。彼は、リンツで通っていた実業学校を十六歳で中退した後も、この街で二年間ぶらぶらしていた。彼が仕事もせずに、劇場や映画館へ通ったり、絵を描いたりする放蕩ぐらしをできたのは、父親が数年前に急死して、母親が多額の寡婦年金を受け取っていたためである。酒を飲んでは夢想にふけり、リンツに建てる美術館や劇場の設計図を、夜中まで描いていた。

どうもヒトラーの思想の基礎は、リンツでティーンエージャーだった頃に、造られたふしがある。彼は無類のワーグナー好きとして知られる。その生き方は神秘主義、破滅と死の予感に彩られ、ワーグナーの影響が色濃く現われているが、ワーグナーへの傾倒は、リンツで始まっているのだ。彼は時々ウィーンに行っては、「トリスタンとイゾルデ」「さまよえるオランダ人」などを繰り返し観て、深い感動に浸っていた。ヒトラーの友人だったクビツェクという人物は、ワーグナーの「リエンツィ」というオペラを一緒に観た後の経験を記している。観劇後に二人で夜のリンツを歩いていたら、ヒトラーが「堤防が決壊して水がすごい勢いで流れ出すように、このオペラの偉大さ、そして自分とゲルマン民族の未来についてまくしたてた」というのである。

また二十世紀初めのリンツは、国粋主義的な運動が盛んな都市だったため、ヒトラーが通っていた実業学校では、ゲルマン精神を鼓舞する教師や若者が多く、彼の考え方に影響を与えた可能性もある。

彼はこの街がたいそう気に入ったらしく、独裁者になってからも、「戦後はリンツに美術館を建設し、引退後はこの街で音楽を聴いたり読書をしたりして暮らす」と語っていた。実際彼は、リンツに世界最大の古典美術館を建設するために、占領したヨーロッパ諸国で名画を買いあさっただけでなく、強制収容所に送ったユダヤ人が持っていた美術品まで没収した。ヒトラーが「リンツ・コレクション」のために集めた何千点もの美術品は、戦後アメリカ軍がオーストリアで発見した。略奪の被害にあった遺族や美術館関係者が、美術品を探すことができるように、ドイツ政府が約二千点の美術品のリストを、インターネットで公表している。

独裁者は、ヨーロッパ全体で殺戮と破壊を繰り返す一方で、少年時代を過ごしたリンツに引退して、名画を鑑賞して余生を送ることを夢見ていたのだ。ナチス政権の軍需大臣で、建築家でもあったアルベルト・シュペーアが、こんなエピソードを伝えている。一九四五年三月、ソ連軍がベルリンに接近し、ドイツの敗北が目前に迫っていた時、ヒトラーはベルリンの総統官邸の防空壕に、リンツ再開発計画の設計図を取り寄せて壁に貼らせると、夢でも見るようにその図面の前にじっと立ちつくしていたと言われる。

殺伐としたリンツの街を歩きながら、ここに世界最大の美術館が完成しなかったことは、人類全体にとって、とてつもない幸運だったと思った。

アクセス　ミュンヘンから直通電車で二時間半。ウィーンからは一時間半。

BERLIN
そ…総統
敵がもう
そこまで！
LINZ
LINZ
MUSEUM
PLAN

寄り道するならギリシャです

アテネの裏道

ほとんどの観光客にとって、ギリシャの首都アテネへの旅は、アクロポリスか考古学博物館へバスで行って、終わりなのではないだろうか。だが私の知っているアテネは、ずいぶん違う表情を持っている。仕事の関係で十回近く足を運んだからである。

仕事をしようと思うと、アテネは疲れる町だ。地下鉄があるのは、ほんの一部の地区に限られているので、市民は車に頼らざるを得ない。道路には一日中、車があふれており、慢性的な交通渋滞となっている。しかもアテネは盆地のような地形になっているので、大気汚染がひどい。郊外の高台からアテネの中心街を見下ろすと、排気ガスの灰色の塊がどんよりと町を覆っているのが見える。アテネに着いた最初の日は、たいてい喉が痛くなる。バスの停留所では、何十人もの人々が、うんざりとした表情で、車の波を眺めながら、いつ来るとも知れないバスを待っている。

タクシーに乗るのも一苦労だ。ここでは、タクシーの相乗りが当たり前。誰も乗っていないタクシーを拾おうと思ったら、何時間も路上で待ち続けなくてはならない。したがって、タクシーが近づいてきたら、すでに客が乗っていても、大声で行き先を叫ぶ。その行く先が運転手の気に入れば、乗せてもらえる。相乗りでも別に料金が安くなるわけではない。運転手にしてみれば、一度走るだけで二倍の運賃を稼げるという利点がある。タクシーの相乗りがふつうになっている町は、ヨーロッパでは他に知らない。ノロノロ運転のタクシーに身を任せ、ラジオから流れる、甘ったるいギリシャの伝統的な音楽を聞いていると、ドイツのようなヨーロッパ北部の町とは無縁な、中東やアジアに似た混沌を感じる。しばしば行われる交通ストや労働組合のデモにぶつかったら最後、約束の時間には間に合わないと覚悟した方が良い。

またアテネの大通りには、鉄筋コンクリートで造られた、安普請の建物が多く、ドイツやイタリアのように、美しく古い建築物を愛でることもできない。建物の正面を覆う広告看板やネオンサインも、美観を損ねている。きびしい日差しの中、排気ガスを吸い、騒音を聞きながらコンクリート・ジャングルを歩いていると、東京にいるような錯覚におちいる。

そんな時、私は大通りを避けて横道に入る。そこには、排気ガスや騒音とは無縁の、平和な空間が広がっている。街路樹にはオレンジがなっており、民家の庭に植えられた花のかぐわしい香りが、漂っている。北ヨーロッパではかぐことのできない、豊かな香りだ。特に、キフィシアス通りを北上したところにあるプスィヒコ地区は、アテネの高級住宅地として知られている。ここには、緑の多い庭に置かれたテーブルで、花の香りをかぎながらワインとギリシャ料理を楽しむことができるレストランもある。「ディオスクーリ」はそうしたレストランの一つで、ビジネスマンたちが昼間から木洩れ日の下でワイングラスを傾けている。ドイツでは氷雨の降る十一月にも、アテネでは屋外で食事ができる。

アテネの中心部、シンタグマ(憲法)広場に近いコロナキ地区は、大使館や高級ブティックが多く、東京の麻布や青山に似ている。プスィヒコ地区ほどの静けさはないが、アイスコーヒーを飲みながら、屋外の喫茶店に座って、アテネっ子たちを眺めるのも、観光バスにゆられるアテネ見物とは違った味がある。

また喧騒と混沌の都アテネの大きな救いは、海が近いことである。アテネっ子たちは夏の夕方、そして週末になると車でどっと海岸へ繰り出す。アテネの南、旧空港の付近には松林と砂浜が広がっている。アテネ南部の海沿いの住宅街は、アラブや米国の富豪が別荘を持っている地域でもある。旧空港の南には、海の入り江が地震でせきとめられてできた、小さな塩水湖があり、静寂の中で水泳を楽しむことができる。夜には湖をかこむ断崖が緑色の光でライトアップされて、幻想的な雰囲気だ。

この付近には、海を見ながら食事ができるレストランが、いくつもある。私が好きなレストランは、「イタキ」*。海に面した大きなテラスで、ピアノの生演奏を聞きながら、とれたての魚に舌鼓をうつ。暖かい南欧の夜の空気は、アテネの裏道でかいだのと同じ、花の香りを含んでいる。真っ暗な海を進む豪華客船の灯りを眺めながら、きりりと冷えた白ワインを飲み干せば、昼間のアテネの排気ガスと騒音を、とりあえずその晩だけは忘れることができる。

＊「レストラン・イタキ」(IΘAKH/ITHAKI) TEL8963-739

ΑΛΥΝΑΤΙΣΜΑ
ΕΘΝΙΚΗ

愛すべきギリシャ人たち

ギリシャ人と日本人の間には、意外と共通点がある。まず、ギリシャ人の客に対する親切さ、手厚いもてなし方は、ヨーロッパでもピカイチである。月曜日の朝から仕事でギリシャ人と面談をするために、日曜日にアテネに到着するとしよう。すると面談の相手は「日曜日の夜に一人で食事をするのはつまらないだろう」と言って、週末の自由時間を犠牲にして、わざわざ町なかまで出てきて、夕食に誘ってくれる。時には「レストランよりも家のほうがリラックスできるだろう」と言って、家にまで招待してくれる。仕事の時間とプライベートの時間をはっきり分けるドイツでは、なかなか週末まで付き合ってはくれない。「ギリシャ人は外国からの客をもてなすのが好きであり、また誇りに思っているのだ」と分析する人もいる。様々な民族が交じり合ってきた長い歴史、そして海洋民族としての伝統だろうか。

ギリシャ人は人当たりも柔らかい。ドイツでは会社のオフィスや商店に入ると、従業員から「どこの馬の骨が、なんの用だ」と言わんばかりの表情で、にらみつけられることがあるが、ギリシャでは客に笑顔で接する人が多いので、ほっとさせられる。ギリシャ語で「カリ・メラ（こんにちは）」とでもあいさつすれば、顔をくしゃくしゃにして喜ぶ人が少なくない。外国人が自国語を一言でも話すことが嬉しいのだ。国内総生産で見れば、ギリシャは西欧でもっとも貧しい国の一つだが、人情はある。

さらにギリシャ人はドイツ人よりも、個人的なつながりや、人間関係、コネを重視する。「ギリシャ人は、個人的に気に入った相手としかビジネスをしない」と彼ら自身の口から聞いたこともある。つまり、ある程度付き合ってみて、相手が信頼できる人間かどうか見当をつけてからでないと、本格的なビジネスを行わないというわけだ。これも、ビジネスにおいて人間関係をきわめて重視する日本社会とよく似ている。ドイツでのビジネスはもっと即物的であり、企業名や肩書がより重視されるし、取引関係を始めるために、ひんぱんに酒を飲んだり食事をともにしたりする必要はない。そのかわり、ギリシャ人はビジネスの上でも感情的であり、少しでも期待に添うことができないと、まるで個人的に中傷でもされたかのように、怒ることがある。長年ギリシャ人とビジネスを行っているドイツ人は、「個人的な付き合いとビジネスの境をぼやけさせて、相手を自分の術中にひきこもうとするのがギリシャ人のやり方だ。だから、外国人がギリシャ人とのビジネスでもうけることは、まずできない」と語る。

さて、日本人には朝よりも夜の方が強いという人が多いが、ギリシャ人は輪をかけた宵っ張りである。ギリシャでビジネス上の昼食というと、たいてい午後三時頃。さらに夕食は、午後九時か十時頃に始まり、午前零時まで続く。

ギリシャに行くと、彼らの伝統への愛着がきわめて強いのを感じる。タクシー運転手が聴いている音楽は、ほぼ常にギリシャの民族音楽。ドイツでは民族音楽を聴いている運転手など、めっていない。また宴会では民族音楽に合わせた踊りがつきもの。アテネの考古学博物館に残っている古代ギリシャの彫刻のように、おごそかな表情をした中年のサラリーマンも、楽しそうに踊る。こういう席では、尻込みしないで、へたでもいいから踊ると、ギリシャ人はとても喜ぶ。ビジネス上の関係を深める上でも、一緒に踊るのは大事である。時々羽目を外して楽しんでみせることが仕事の上で重要なのも、日本と少し似ている。ほとんどのドイツ人は、こういう場に招待されても羽目を外さず、踊る人々をつまらなそうに眺めている。

しかし、彼らとつきあうには、体力も必要だ。ある時、ギリシャの若い会社員たちが、アテネの下町の酒場での飲み会に招待してくれたことがある。こういう場で生演奏されるのは、民族音楽だけ。ロックやポップスは一度も演奏されなかった。若者たちも歌詞をよく知っていて、大合唱するばかりか、夜十一時を過ぎると、狭い店の中で全員が踊り始めた。民族音楽はこうして、若い世代の心に浸透し、着実に受け継がれて行くのである。私も招待してもらって白けているわけには行かないので、踊ったけれども、お開きになったのは午前三時。しかも週末ではなく水曜日だったので、みな午前七時には会社に行くのだ。平日でこうだから、週末には夜が明けるまで踊るのだろうか。ギリシャ人の遊び方は、生半可ではない。

ドイツ
いらっしゃいませ！

ギリシャ
いらっしゃいませ♥
ホッ

女人禁制の山――アトス山

ギリシャには、「ええっ、うそでしょう?」と言いたくなるほど古めかしい風習が残っている土地があるが、ギリシャ北部でもそういった場所に遭遇した。

テサロニキに近いハルキディキ半島は、三本の指のようにエーゲ海に突き出ているが、その一番東側の半島の近くで、船に乗ったことがある。やがて、険しく切り立った緑の山が見えてくる。ふもとには、ロシア風の玉ねぎのような形をした塔を持った、教会や修道院がいくつか見える。これがギリシャ正教、ロシア正教の聖地アトス山である。ギリシャ語で「アギオン・オロス」(聖なる山)とも呼ばれるアトスには、今も二十の修道院があり、ギリシャ人、ロシア人、ブルガリア人、セルビア人など、二千人近い修道士たちが、労働と祈りの生活を続けている。十世紀以来聖地としてあがめられているアトスは、ギリシャの中で自治権を持っている「国の中の国」であり、事前にアトス政庁発行の許可証をもらわないと、入ることができない。神学生をのぞくと、二十歳以下の青少年も入山できない。

さらにびっくりさせられるのは、この地区では今なお女性の立ち入りが禁止されていることだ。一説によるとその理由は、修道士たちが「ここは聖母マリアがキリストから自分だけの土地として与えられた庭であり、他の女性がこの地に入ると、聖母マリアが嫉妬する」と信じているからだという。人間の女性どころか、羊や猫など動物の雌が山に入ることも許さないというから、原理主義的な匂いすら感じる。男に変装して入山したギリシャ人女性や、ボートで海から上陸を試みた女性のグループが、すぐに逮捕されて追い返されたという話が伝わっている。周囲を航行する船も、アトスの海岸から一定の距離の中に入ることを禁じられている。あるギリシャ人女性は、「いまどき女人禁制なんて時代錯誤よ!」と怒りをあらわにしていた。

これに対しギリシャ人の男性の間では、アトス詣では根強い人気があるようだ。私の知り合いのギリシャ人Rさんは、アテネの大手企業の中間管理職だが、毎年アトス山の修道院に二週間こもって、瞑想にふける。「会社で働いていると、いやなことも色々ありますが、修道院で海と山を見ながら、テレビも電話もない生活を続けていると、全てを忘れることができ、心が洗われるようです」。修道院での食事は楽しみのためではなく、単に栄養を摂るための行為と見られているので、食事中の会話は禁止されており、食べ物にも肉はなく野菜が中心。ほとんどの修道院では、今でもグレゴリウス暦が採用される以前のユリウス暦が使われている他、日没とともに一日が終わる、中世のような生活が続いている。Rさんによると、アテネで医師や弁護士として働いていたが、現代の生活に満たされないものを感じ、俗世間での暮らしを捨ててアトス山の修道士になったという若者に毎年出会うという。

さらに、修道院に住まずに、独りぼっちでアトス山の洞窟などにこもって、達磨や明恵《みょうえ》上人のように、大自然の中で瞑想を続けている高僧もいる。Rさんの知人の医師は、趣味でキリスト教関連の古文書の研究をしており、アトスのある修道院に保管されている文書をどうしても閲覧したかったが、なかなか許可がもらえない。許可を得るには、修道院で強い影響力を持つ高僧に頼むのが一番と聞いたが、その修道僧はつねに深山の洞窟にこもって修行しているので、会うことすら難しい。ところがある時、修道僧が脚にけがをして、山から下りてきたので、Rさんの知人の医師は、あとで古文書の件で相談をする時に心証を良くするために、診察を申し出た。

高僧の脚を診ようとした医師はびっくり。長年修行を続けていて、一度も身体を洗っていなかったのか、脚が甲羅のように堅くなった垢の層で覆われている。そのままでは診察できないので、甲羅をパカッと割ったところ、中からまるで赤ん坊の肌のようにピンク色をした、きれいな肌が現れたというのだ。このややグロテスクで、現実離れした診察の後、医師は古文書の閲覧を許されたとのことである。

消費と金銭が中心的な尺度となっている今日でも、物質文明に背を向けて、中世そのままの環境と大自然の中で、人々が精神的な価値を追求するコミュニティーがあることは、なんともギリシャらしい。修道士になる気はないけれども、何物にもわずらわされることなく、修道院の窓からエーゲ海に沈む夕日を眺めるのは、至福の経験であるに違いない。

アクセス　ギリシャ北部の都市テサロニキまで飛行機で行き、車に乗るのが良い。

差別反対
ΑΘΩΣ
女性 立ち入り
禁止
STOP

クレタ島のイースター

八千三百五十平方キロメートルの面積を持つクレタ島は、ギリシャで最も大きな島である。エーゲ海のかなり南にあるので、四月末には海で泳げるほど暑くなる。大地は中東のように乾き切っていて埃っぽいが、北ヨーロッパでは見られない南国の花が咲き誇っている。この島では、紀元前一七〇〇年頃からいわゆるミノス文明が栄えた。その栄華は、現在の首都ヘラクリオンの郊外に残っている、大規模なクノッソス宮殿の遺跡にしのぶことができる。

迷宮を思わせる無数の部屋、そして想像上の動物や踊る人々を描いたフレスコ画、さらにここで発見されてヘラクリオンの博物館に収められている、女神の像などは、クレタ島が古代ギリシャよりも早い時期に、高度な文明を持っていたことをはっきり示している。特に、ヨーロッパを象徴する女神エウロペは、古代から牛に乗った姿で表現され、現在の政治風刺画の中でも、牛とともに登場するが、このクノッソス宮殿の壁画には、牛がしばしば神聖な存在として登場しているのが興味深い。たとえば、海のような青色を背景に、三人の若者が赤い牛を飛び越えようとしている「牛跳び」の壁画は、その代表的な例である。その意味でも、クレタ島はヨーロッパ文明の揺籃の地と言えるのだ。

さて今日のクレタ島は、ギリシャの中でも最ものどかな地域の一つである。羊飼いの少年が草地に連れていく羊の群れが道路をふさいで、車が立ち往生をすることがある。本土に住むギリシャ人たちによると、クレタ島の人々は我が強く、何かにつけ批判的で、尚武の気風がある。こうした性格の反映か、農民たちの多くは今も自衛のために銃を持っている。なるほど、クレタ島で車を運転している時に、道路標識に射撃の練習でもしたような、無数の銃弾の痕が残っているのをしばしば見たが、そのためかもしれない。

さて私たちがクレタ島を訪れたのは、四月末から五月初めだったが、たまたまこの時期はギリシャで最も重要な祭日の一つである復活祭《パスハ》にあたっていた。ギリシャの復活祭は、ドイツなど北ヨーロッパの国々よりも遅い上に、毎年日付が変わる。パスハは、春分の日以降、最初の満月が過ぎてから、最初の週の日曜日に行われるが、この国では、クリスマス以上に盛大に祝われる。敬虔《けいけん》なキリスト教徒は、復活祭までの四十八日間、肉を食べない。復活祭の日曜日の朝に、時計の針が午前零時をさすと、花火が打ち上げられ、教会の鐘が激しく打ち鳴らされて、人々はキリストの復活を祝う。初夏のような気候のせいもあって、北ヨーロッパよりも、陽気で明るい復活祭である。

ギリシャの楽しみの一つは、一年を通じて、屋外で食事をできる時期が長いことである。南ヨーロッパを舞台にした映画では、屋外で大勢の友人や家族とともに、食事をするシーンがよく出てくるのを、ご記憶の方もおられるだろう。そこで、私たちも復活祭の昼食は野外で取ることにした。クレタ島に多いユーカリの大木の下に、大きなテーブルが置かれ、人々に地元のワインがふるまわれる。

テーブルの近くでは、平たい金属の箱に炭火を置いた簡単なグリルの上で、串刺しになった子羊があぶられて、香ばしい匂いをたてている。昼間に草地を歩いているのを見たばかりの、かわいらしい羊の変わり果てた姿に、ドキッとする人もいると思うが、子羊の丸焼きは、正月のおせち料理のように、クレタ島の復活祭にはなくてはならない物である。どの家の庭でも、家族そろって子羊を焼いているのを見た。

木洩れ日を浴びながら、屋外で食べる焼き立ての肉は、やはり美味しい。また南国ギリシャでは、野菜にも独特の味わいがある。たとえばこの国で食べるトマトは、北ヨーロッパや日本のトマトよりも、はるかに甘みがあって、全く別の野菜のようだ。ほろ苦いオリーブの実も以前はそれほど関心がなかったが、ギリシャに通うようになってから、大好きになった。長い昼食のしめくくりは、小さなコーヒー・カップの底にどろりとした粉が残る、お汁粉のようなギリシャ・コーヒー。フランスやイタリアのように洗練された食事ではないが、自然の中で素朴な料理を味わいたい人には、クレタ島をお勧めできる。

アクセス　アテネばかりでなく欧州各地の主要空港から直行便が出ている。

秘密の入江を求めて——コルフ

ギリシャのいちばん西の端にあるコルフ島は、中世以来、ナポリ、ベネチア、フランス、イギリスなど様々な国の支配を受けてきた。特にイタリア南部からは目と鼻の先であるせいか、最も大きな町であるケルキラを歩くと、イタリアの小都市を歩いているような錯覚に陥る。十九世紀には、ドイツやオーストリアの皇族も好んで訪れた。

特に「シシィ」つまり悲劇の皇妃として知られるエリザベートは、ウィーンの宮廷生活の息苦しさから逃れるために、コルフ島に頻繁に旅をした。ミュンヘンで生まれたエリザベートは、バイエルンの美しい自然に囲まれて、のびのびと育った。そうした生い立ちのせいか、彼女はこの島がたいそう気に入り、丘の上に豪壮な離宮を建てて、「アキレオン」と名づけた。糸杉と椰子の木に囲まれ、紺碧の海をのぞむ庭を散策すると、宮廷という鳥籠に入れられて鬱屈したエリザベートが、なぜここにしばしばやって来たかが、わかるような気がする。

「シシィ」がスイスで暴漢の凶刃に倒れてからは、ドイツの皇帝ヴィルヘルム二世が、この屋敷を買い取った。彼は島に着いてから一刻も早くアキレオンに行けるように、近くの海岸に自分専用の桟橋まで造らせた。「カイザー・ブリュッケ」と呼ばれる石造りの桟橋の跡は、今も残っている。さらにヴィルヘルム二世は、島の西側のペレカスという村の山の上に、大海原に沈む夕日を眺めるために、自分専用の展望台を造らせている。今では、皇帝ではない我々でも、同じ展望台に立って山並みと海のパノラマを楽しむことができる。展望台の近くには、小さなホテルがあるが、ここのテラスにあるレストランは、観光客が少ない上に、海の眺めがすばらしいので、コルフ島の中でも私がいちばん気に入っている場所だ。貴族の遊びというのは雄大であるが、電子メールはおろか、飛行機もファックスもない時代に、船でドイツからコルフ島まで遊びに来て、その間は政務をほったらかしにすることができた皇帝というのも、のんきなものである。

さて今日では、皇帝や皇妃のかわりに、ドイツ人やイギリス人の観光客が、安売りツアーのチャーター便の飛行機に詰め込まれて、この島にやって来る。ドイツで売られているパック旅行の中には、二週間のホテル代（朝食・夕食つき）、飛行機の切符、レンタカー乗り放題で、値段が一人につきわずか八万円という物が珍しくない。ドイツで生活するよりもはるかに安いのだ。しかもパック旅行といっても、同じ飛行機に乗るだけで、現地では完全に自由行動である。

コルフ島の有名な海水浴場の近くの村は、そうした観光客でごった返しており、俗化がはなはだしい。彼らは観光地でも群れをなす習性があるのか、英国人は島の南部、ドイツ人は島の北部に固まっている。外国人観光客の群れから脱して、島を探検するには、自分で車を運転することが重要だ。バスなどの公共交通機関が発達していないギリシャの島では、なおさらである。私のギリシャの旅にはレンタカーが欠かせない。

コルフ島には、観光客が押し寄せない、隠れた入江や海岸がたくさんある。私たちが見つけたのは、ケルキラから南へ二十キロのアギオス・ニコラウスという村の入江。葡萄の木で覆われたテラスに小さな食堂と民宿があり、石段を降りて行くと小さな船着場と海岸がある。エメラルド・グリーンのイオニア海は、湖のように波が静かで、ゆったりと泳ぐことができる。オリーブの木が涼しい木陰をつくっている海岸には、デッキチェアも置かれているが、一般の海水浴場のように、料金を取られることもない。海をのぞむ食堂には、凝った料理はないけれども、イカのから揚げ《カラマリ》は新鮮でおいしい。この入江には、何日も通った。

また、ケルキラの町から十五キロ北にある、コロウラも忘れがたい。ここへ通じる道路は、陸側が切り立った山、海側が断崖絶壁で、ガードレールもない。カーブではエンジンブレーキを使って十分減速しないと、反対車線に大型バスやトラックが突然現われて、崖から転落する危険がある。かなりスリルに満ちた道路だが、コロウラの入江は、肝を冷やしながらも行ってみるだけの価値がある。わずか数キロの所に迫ったアルバニアの山と、鏡のように静かな海面。糸杉の林に囲まれた小さな港に浮かぶ、色とりどりの漁船。港に面したレストランには、人影も少なく、秘密の入江という雰囲気である。ギリシャの島では、ガイドブックに頼らず、地図と車を駆使して、自分だけの入江を見つけてほしい。

アクセス　欧州の主要空港から直行便が出ている。ベニスからフェリーに乗るのも一興。

富豪の別荘ってどんな感じ?——エーゲ海

ギリシャの富豪というと、オナシスのような桁外れの大金持ちを思い出す。実際、彼らの遊び方は海洋国家ギリシャらしく、ドイツの金持ちと比べても雄大である。私の知り合いのドイツ人・Aさんは、ギリシャの富豪の一人であるX氏に、昼食に招待されたことがある。X氏は九〇年代後半にギリシャにも到来した株式ブームで、それまでに築いていた巨万の富を、さらに増やしたと言われる。

Aさんがエーゲ海のある島の港に、指定された時間に行くと、周囲のヨットを威圧するような、近代的な設備を持った大型船が停泊している。これがX氏の船であった。後部の船室は、バーのある広々としたリビングルームになっており、分厚いフカフカの絨毯《じゅうたん》の中に足が埋まってしまいそうだ。二階に上がると、X氏の寝室、シャワールーム、それに電話やファックス、コンピューターを備えた執務室があった。

やがて、船はエンジン音も高らかに出港。島の対岸の本土にX氏が持つ別荘へ向かって、エーゲ海を突っ走る。Aさんが操舵室に入って、船員に「この船の値段はいくらですか」と尋ねると、「中古で二千二百万ドル(約二十六億円)くらい」という答えが返ってきた。しかもこの船は、会社の所有物ではなく、X氏の持ち物である。

船は三十分ほどで対岸に近づく。オリーブの木で覆われた、なだらかな丘のふもとに、ギリシャの田舎風の家がいくつか見えてくる。船は小型クレーンでボートを海に降ろし、別荘に向かう。船が大きすぎて、別荘の前には接岸できないからだ。農場のような中庭を囲んで、石造りの民家が並んでいる。フェンスで囲まれた敷地は数ヘクタールもあり、X氏の家族や友人だけが使うことができる、プライベート・ビーチがあるほか、ギリシャ中を飛び回るX氏のためにヘリポートも設置されている。船の乗員たちが、制服を着替えて、給仕に早変わりし、グラスにワインを注ぎ始めた。

X氏の別荘はいわゆる豪邸ではない。だが、広々とした庭から、エーゲ海と対岸の島、そして沖に投錨した自分の船を望む雄大な眺めは、一幅の絵のように美しく、この富豪に優越感を与えるものだろう。彼がここに客をつれてくるのは、間接的に、おのれの財力を誇示することによって、自己満足に浸るという意味もあるにちがいない。

十月といえば、ヨーロッパ北部では気温が急に下がって雨の日が多くなり、コートの襟を立てなくてはならない季節である。そうした時期に、抜けるような青空の下、屋外にテーブルを置き、南国の暖かい陽光を浴びて、海を見ながら昼食を取るのは、ドイツなどでは真似のできない贅沢である。たとえば、パリやロンドン、ニューヨークの高級レストランでは、食事は洗練されており、リッチな雰囲気には事欠かないかもしれないが、ギリシャのような解放感はない。この別荘のすごさは、建物ではなく、目の前に広がる自然である。

エーゲ海の島をあとにしたAさんは、いつものように、排気ガスのうずまくアテネで交通渋滞に巻き込まれた。町の西側のオモニア広場では、襤褸《ぼろ》をまとった老女が、車の洪水の中をさまよいながら、ドライバーに対して、やせ細った腕を差し出し、小銭を乞うている。社会保障制度が発達したドイツに比べると、ギリシャでは中間層が少なく、貧富の差が激しい。病院では六人部屋があたりまえで、患者は医者にきちんと診察・治療をしてもらうには、医者に金品を贈らなければならない。交通機関などのインフラの建設も、欧州の国としては遅れている。持つ者と持たざる者の格差が大きいのも、ヨーロッパ南部の特徴と言えるかもしれない。アテネの下町に立つと、X氏の別荘で見た絵巻物のように美しい景色が、Aさんの目にはまるで蜃気楼《しんきろう》のように、現実ばなれしたものに見えた。

株価
私有地
$22,000,000

さらに寄り道・番外編

ホテルとの戦い(1)　お客様は神様ではない

仕事がら、過去二十年間に世界中の様々なホテルに泊まってきた。長いホテル使用歴の中では、変なことも体験する。例えば、ドイツのフランクフルト・アム・マインにある、某高級ホテル。世界の要人が泊まるホテルであり、ロビーやレストランなどの雰囲気も良い。ただし高級ホテルが客にとってベストのホテルであるとは限らない。

ある日私がこのホテルに到着すると、従業員がチェックインにえらく手間取っている。コンピューター・システムがダウンしてしまったので、従業員たちが手作業でチェックインを行っているのだ。このホテルでは、旧来の鍵ではなく、プラスチックのカードに穴を開けるカード式のキーを使っている。私はキーを受け取ると、八〇七号室に直行した。カードをドアに差し込むと、カチッという音がして錠が開く。すると、中から「ハロー、ハロー」という男の声。なぜ人の声がするのだろうと不思議に思って、部屋を覗き込むと、全裸の若い男がベッドの上で慌ててシーツを身体にかけているところだった。はっきりは見えなかったが、どうも房事の最中のような雰囲気だった。私は心臓をどきどきさせながら、ドアを閉めた。

ホテルの従業員は、すでに客が泊まっている部屋を私に割り当て、鍵を渡したのである。こんなことは、過去二十年間の旅行歴の中で一度もなかった。私は荷物を抱えたまま、フロントに戻った。キーを作った従業員は、金髪の若いドイツ人女性。私はむっとしていたが、間違いというのは誰にでもあると思っていた。ところが、私をほんとうに怒らせたのは、ミスそのものではなく、そのフロント係の態度である。私が「この部屋にはもう人が泊まっていましたよ」と言ってキーを返すと、フロント係の女性は、「申し訳ありません」など謝りの言葉をひとことも言わずに、無言で別のキーを作って私に差し出すのだ。日本ならば平身低頭して謝るべきところである。私が「こういう時には、まず客に謝るのが当たり前ではないのか」と追及すると、従業員はようやく「すみませんでした」と言ったが、不服そうな顔で、「でも間違いは人間なら誰でもするでしょう」と捨てぜりふを付け加え、客に一矢報いることを忘れなかった。こんなサービスでも、正規料金で泊まると三百五十ユーロ（四万二千円だが、購買力を加味した現地の感覚では七万円）も取られる。たいした殿様商売である。

ヨーロッパ人、とりわけドイツ人の態度の中で、日本人になかなか理解できないことの一つは、自分の非を認めようとしない依怙地な性格である。ドイツ人にとっては、謝ることは欠点をさらけ出すことであり、弱さを示すことである。このため、自分は常に正しいと信じ込むあまり、ホテル従業員の仕事は客へのサービスであるということを、完全に忘れてしまうのである。日本では、トラブルが起きたらまず謝ることが問題を大きくしないためにも、重要である。これに対しドイツでは、トラブルが起きたら、極力責任を他人に押しつけ、にっちもさっちもいかなくなった時に、初めて自分の非を認める人が多い。ドイツ人に比べると、米国人や英国人の方が、ひんぱんに謝りの言葉を口にする。ドイツ人の独善的な性格は、ヨーロッパの他の国民からも、批判されることがある。この国には「お客様は神様」という精神はなく、サービス業はドイツ人にもっとも人気のない職業の一つである。サービスに関する不毛地帯という意味で、「サービス砂漠・ドイツ」と呼ばれることもある。ホテルでは特にこうしたトラブルが起きた時にこそ、国民性や文化の違いに関する勉強ができる。そう考えれば、怒りも少しは和らぐというものだ。

807
?

ホテルとの戦い⑵　もっと眠りを！

ホテルの客にとってもっとも大事なことは、夜にぐっすり眠れる環境が整っていることである。安眠できないと、次の日の仕事や観光にさしさわる。ところがこんな基本的な条件すら整っていないホテルは、ざらにある。

日本人の女性Ｆさんは、取材旅行のためにプラハの高級ホテルに泊まっていたが、ホテルの部屋で眠っていると、夜中にノックもなく、突然「ダーン！」という音とともに扉が開いた。ドアチェーンをかけてあったので、その侵入者は部屋に入ってくることはできなかった。「強盗かしら？」と思って、Ｆさんは暗闇の中で目を開けたまま、自分の心臓の鼓動を聞いていた。さいわい泥棒ではなくホテルのボーイがファックスを届けに来たのだった。それにしても夜中に客室にファックスを届けるのに、ノックもしないで、いきなりドアを開けるとは、言語道断である。Ｆさんは目がさえてしまい、ろくに眠ることができなかった。

ところが次の日、Ｆさんが仕事を終えて部屋に帰ってくると、なんとドアチェーンが取り外されて、なくなっていたのである。びっくりしてフロントに尋ねると「修理のために全ての部屋のドアチェーンを外しました」とのこと。また昨晩の侵入者が来ても、今夜はドアチェーンがないので防ぎようがない。そこでFさんは、誰も入って来られないようにドアの前にソファーを置いて眠った。すると今度は真夜中に火災警報が鳴り響き、Fさんを再び眠りの世界からひきずり出した。Fさんはあわててドアの前からソファーを動かし、洋服を着てロビーに避難した。ホテルの従業員は「警報器の誤作動でした」と宿泊客に説明した。Fさんは、睡眠不足で目の下に隈ができたまま、プラハを後にした。

　眠れないといえば、イタリアにも悲惨なホテルがある。私と妻は、ドイツ人とイタリア人のカップルの結婚式に出席するためにローマに行った時、その知人が予約しておいてくれた駅の近くのホテルに泊まった。やはり披露宴に出席するために、ドイツからやってきた、他の客も泊まっていた。日本ならば、晴れの日にわざわざ外国から来てくれる客を泊めるならば、高級とはいわずとも、快適で清潔なホテルを予約するだろう。ところが、このホテルは木賃宿のように汚く狭いホテルで、朝食すらない。トイレは、日本のビジネスホテルのユニットバスよりも狭い。

　もっとひどいのは、夜中の騒音である。ホテルの中で誰かが水道を使うたびに、モーターが水を汲み上げる「ブイ〜ン、グワ〜ン」という音が、部屋の中に響き渡るのである。私は事件記者だった頃の習性で、飛行機の中はもちろん、かなりうるさい場所でも熟睡できる。しかしこの時は、二十分おきにポンプの音が聞こえるので、一睡もできなかった。他の客たちも不眠を訴えていた。晴れの日なのに、こういう宿を準備する無神経さにいささか呆れた。ちなみにこのカップルの新婦はドイツ人だが、この国でも特にけちなことで知られるシュヴァーベン地方の出身であり、値段が安ければよいと思ったのであろう。こういう所にドイツ人の鈍感さ、気配りのなさが現われている。翌日は、みな寝不足の真っ赤な目で、結婚式にのぞんだ。ところが結婚式の最中に、新郎の父親が病院で息を引き取り、披露宴は一転して通夜のようになった。われわれ招待客も気まずい雰囲気の中で早々にひきあげざるを得ず、あまり楽しむことはできなかった。

前の晩は全く眠れなかった上に、披露宴が暗転してしまい、精神的にも疲れたのだから、ローマ最後の夜くらいはぐっすり眠りたい。こう考えた私たちは、駅前の安ホテルを逃げるようにして引き払い、以前泊まったことのある、住宅街の中の比較的高級なホテルに移った。疲れていた私は、静かな部屋で泥のように眠っていた。すると午前四時頃になって、隣の部屋に客が戻ってきたけはいがする。あれっ、隣室の客が何をしているか、手に取るようにわかるほど壁が薄いぞ。まるで障子のようだ……。さらに都合の悪いことに、枕元の壁の向こう側は、隣の部屋のトイレであった。この客は、酒を飲み過ぎて気分が悪くなっていたようである。明け方の暗闇の中で、酔漢が胃を空にする音が、紙のように薄い壁を通して、私のすぐ耳元で響き渡った。かくして、悪夢のようなローマの休日は、睡眠不足の内に終わったのである。

GEYYYYYN...
ZVEEEENN...
BROOOM!

ホテルとの戦い(3)　社会主義ホテルとの対決

かつて訪れた共産主義国のホテルも忘れられない。私は一九九〇年に、ワシントンから共産主義政権末期のモスクワに二回出張で訪れた。ソ連外務省に近いあるホテルでチェックインして、ボーイに荷物を部屋に運んでもらい、さて支局に行って仕事をしようかと後を振り向いたら、いつの間に部屋に入ってきたのか、もうロシア人の売春婦が立っている。私は遊びではなく、仕事をしにモスクワに来ているので、すぐに部屋から追い出した。共産主義時代のソ連で外国人が泊まるホテルでは、入り口に警察官が立っており、一般市民の立ち入りができないようになっていたのだが、こうした売春婦たちはフリーパスでホテルに出入りしていた。別の高級ホテルでは、扉をノックする人がいるので、ドアを開けると売春婦が「タバコを吸いたいんだけど、ライターはありますか」と尋ねてくる。彼らはこのホテルの中に待機用の部屋まで持っていて、客に無差別に御用聞きの電話をかけてくる。鉄の規律を誇った共産主義社会は、一体どこへ行ってしまったのであるか。ゴルバチョフ政権末期、ソ連の崩壊が目の前に迫っていた頃のことである。

それにしてもソ連のホテルには悩まされた。真冬にシャワーからお湯が全く出なかったり、トイレの水が流れなかったりするのは、日常茶飯事である。ある時ワシントンから予約をしたはずのホテルに到着すると、予約が入っていない。あちこちのホテルに電話をかけてみたところ、全く別のホテルに予約が入っていることがわかった。夜中に仕事を終えて、そのホテルに行ってチェックインをしようとしたら、午前一時というのに、チェックインできない客で、ロビーが溢れ返っていた。綿のように疲れて部屋に入った時、時計の針は午前二時を回っていた。

またソ連は天然資源をいちじるしく浪費する国としても知られていたが、冬場はどんなに暖かくても暖房を切ることができない。私がモスクワへ行った時には暖冬だったため、部屋の中は暑いほどだったのだが、暖房を止めることができないので、窓を開けて室内に冷たい空気を入れなくてはならなかった。ルームサービスはないし、ホテルの食堂も予約がないと断られる。深夜になると町中のレストランも開いていないので、仕事の後、真夜中にすきっ腹を抱えてホテルの部屋に帰ってきても、我慢をして眠るしかない。二回目の出張からは、米国からインスタントラーメンとアルミの鍋を持参し、支局の台所で料理して空腹を紛らわせた。ある日本人記者は「ちょっとやそっとのことで文句を言わない、我慢強い人間を育てるには、日本ではなく、モスクワで新人研修をさせるべきだ」と言っていたが、そのとおりだと思う。

共産主義政権末期のポーランドでは、外国人が多く泊まる大都市のホテルはそこそこの水準だったが、地方へ行くと悲惨だった。一九八九年の夏に、ポーランドと東独の国境に近いクヌビッツという村に取材に行った時、村でただ一つのホテルに泊まった。

ホテルのレセプションの近くにあるトイレはあふれて、汚水が入口のホールの真ん中に小川を作って流れているのだが、誰も修理しない。この「小川」は、朝食を取るレストランからわずか三メートルしか離れていない。西側ではちょっと見られない光景だった。

共産主義社会では、他の人より多く働いても、給料は増えないし、仕事をさぼっても解雇されないのだから、従業員は、不快な思いをしながら、わざわざトイレを修理してホールを清掃する気にもならない。村にホテルは一つしかないのだから、汚くても客は我慢して泊まらざるを得ない。こうして経済全体が停滞し、サービスが悪化し、インフラが崩壊して行く。田舎の宿に、共産主義経済の縮図を見る思いだった。なぜ多くのポーランド人たちがウオッカを飲んで、浮世を忘れようとするのかが、わかるような気がした。郷に入らば、郷に従え。私も飲みつけないウオッカを四、五杯あおったら、世界が回り出して、部屋の不潔さも気にならず、よく眠ることができた。最後に強調しておきたいのだが、中欧・東欧諸国では共産主義政権が崩壊した後、ホテルの水準も大幅に改善されている。クヌビッツのホテルも、今では見違えるように美しくなっているかもしれない。

テルアビブの憂鬱

テルアビブは、奇妙な町だ。ここでは、平和と戦争、寛容と暴力、豊潤と貧困が共存している。私が到着した三月三十一日の気温は、三十七度。これは季節の変わり目にサハラ砂漠から吹き付ける熱波が原因で、まるでヘア・ドライヤーを全身に浴びているような気がする。三月末でも海水浴ができる気候は、ヨーロッパのように天気が悪い土地と比べると、夢のようである。気候の違いは、野菜や果物の味も大きく左右する。テルアビブの中心街にある市場へ行けば、この国の農産物の強烈な芳香に気がつく。特にトマトやオレンジ、グレープフルーツやイチゴの味は濃厚で、水っぽいドイツの農産物とは比べものにならない。この市場で売られていたイチゴは、二キロでたった百円だった。

地中海に面しているため、海の幸も豊富だ。テルアビブには、質の高いシーフード・レストランが目白押しで、連日連夜イスラエル人や外国人で賑わっている。特に中心街のレストラン「ボンゴレ」のニンニク風味を利かせた海老のソテーなどは日本人の口にも合うだろう。あるいは、ロスチャイルド通りにあるステーキハウス「ビルンバウム・メンデルバウム」も、落ち着いた雰囲気でテルアビブの食通たちに人気がある。

だがこうしたレストランで食事をしている最中にも、同じ国の中で、イスラエル人とパレスチナ人が、血で血を洗う抗争を続けていることが、思い浮かぶ。イスラエル軍の戦闘機や戦車によってパレスチナ人の住宅が破壊され、子どもを含む多数の民間人が命を落としたり、重傷を負ったりしている一方で、高級レストランは社用族や裕福なイスラエル人で繁盛する。封鎖されたパレスチナ人地区では、失業率が五十％にのぼっている。戦時下の暮らしとは、いつもこのように天国と地獄が隣り合わせになっているのだろうか。二〇〇〇年秋にパレスチナ人の蜂起が始まってからの二年間で、イスラエル側の犠牲者は約五百人、パレスチナ人の死者は約千四百人にのぼっているが、暴力の連鎖は収まるどころか、エスカレートする一方である。

テルアビブのレストランでも、テロリストによる乱射事件や自爆テロが起きてからは、入口に武装したガードマンが立つようになった。商店街に入る時には、荷物の検査をされることもある。パレスチナ人による自爆テロが多発するようになってからは、標的にされやすい商店街や市場では、人通りが少なくなった。私がテルアビブにいる間も、パレスチナ人がガザ地区にあるイスラエル人の入植地を迫撃砲で攻撃し、けが人が出た。大衆向けの新聞は、血まみれの包帯を巻かれた生後一年三ヶ月の幼児の写真を大きく掲載している。比較的穏健な新聞の社説を読んでも、「暴力には暴力で立ち向かうしかない」という論調一色だ。

ＣＮＮなど外国メディアのテロや紛争に関する報道だけを見ていると、「このように危険な国で、人々は一体どのように生活をしているのだろうか」と思うかもしれない。私もイスラエルへ行って初めてわかったことだが、イスラエル人たちは自爆テロを恐れて、家の中に閉じこもっているわけではない。私たちと同じように、マイカーや電車で毎日職場に通勤し、友人と食事をするために外出もする。あるイスラエル人はこう断言した。「テロを怖がって、生活のパターンを変えたら、テロリストに降伏したことになる。テロリズムに対抗するための最良の手段は、いつも通りの生活を続けることだ」。

それでもリスクを減らすために、いくつか守るべき注意点はあるようだ。自爆テロリストはなるべく多くの市民を殺傷することを狙っているので、市場や商店街、ディスコ、武装ガードマンのいないファーストフードの飲食店などの人ごみはなるべく避ける。また、テロリストは兵士を多く殺害しようとするが、祭日などに家に帰る兵士たちは移動にバスを利用するので、バスの停留所にはあまり近寄らない方がよい。バスの利用も極力避けるべきだ。車を運転する時は、ドアを必ずロックすること。ある時、テロリストが一般市民の車を奪って逃げようと、たまたま通りがかった車に乗り込んだため、警察官は車を運転していた市民もろともテロリストを射殺したことがあるからだ。

こうした圧迫感の多い環境で暮らしているせいか、イスラエルの庶民の間では、うなだれて暮らすのではなく、少しでも生活を楽しもうという傾向が強い。たとえばパーティーがあると、老いも若きも猛烈に踊る。深夜まで踊り狂う彼らの姿には、戦時下の生活の重圧感をはねのけようという、強い欲求が感じられた。

イスラエル人と安全

「私が選挙でシャロンに投票したのは、彼がテロを抑え、安全をもたらしてくれると思ったからです。でも結果的には、逆にテロが増えたのでがっかりしました」。政治的にはリベラルなイスラエル人の大学教授が言った。この言葉に現われているように、イスラエル人にとって最も大事なものは安全である。イスラエルの新聞は毎日、様々なカバンの写真を添えた大きな広告を載せ、「不審な荷物を見たらすぐに警察に通報しましょう」と呼びかけている。爆弾テロを防ぐためである。私の知り合いは、店にうっかりカバンを置き忘れて、戻ってみたら警察の爆発物処理班がカバンを粉々に破壊した後だったと話していた。

この国が安全の確保にいかに情熱を注いでいるかを感じるのは、ベングリオン空港から飛び立つ時である。入国時よりも出国時の検査の方がはるかに厳しい。まず空港に近づく車はすべて、ウーズィー型短機関銃を持った私服警察官によって点検を受ける。チェックインのカウンターに行くまでの荷物検査は、厳重を極め、一時間はたっぷりかかる。乗客が預ける荷物はすべてX線検査を受けるが、その時に使われる装置の大きさは、欧米の空港で使われている機械の三倍はあるだろう。また欧米のように、カバンはスムーズに流れていかず、一個につき機械の中に五分間は止められて、X線による透視を受ける。その上に、職員がすべてのトランクを開いて、内部を微に入り細を穿《うが》って、点検する。二重底になっていないかなどを、手で触れて調べるのだ。歯磨きのチューブにまで、機械を当てて点検していた。プラスチック（可塑性）爆弾かどうかを調べるためだ。職員は私のトランクから目覚まし時計を取り出すと、どこかへ行ったまま十分間帰ってこなかった。時限爆弾でないかどうか詳しく点検していたのだろう。

さらに念入りなことに、職員が乗客一人一人を三十分近く「尋問」する。乗客はイスラエルで誰に会い、どこに泊まったか、誰かから贈り物をもらったかなどについて、細かく答えなくてはならない。時には、自分の仕事の内容まで説明させられることもある。テロリストかどうか見抜くためである。

彼らの安全への執念を感じさせるエピソードがある。フランクフルト空港で、テルアビブ行きの飛行機で客室の清掃作業が行われている時に、清掃員を装った男が車で乗り付け、機内に入ろうとした。警備員が男の身体検査を行ったところ、ナイフが発見された。警備員が警察に無線で連絡しようとしたところ、男は「これは、安全を検査するためのテストです」と言い残して車で逃走した。ドイツの捜査当局は、この日に抜き打ちテストを行った官庁が見つからなかったため、当初、テロリストが機内にナイフを隠そうとしたという疑いも持ったが、最終的には、イスラエルの情報機関モサドが、ドイツの航空会社や捜査当局が十分安全点検を行っているかどうかをチェックするために、時折抜き打ちで行う、安全テストだったという見方を取っている。

イスラエルを訪れると、この国がつねに臨戦態勢にあることを感じる。ある会社では、ビルの真ん中に窓のない部屋があり、水や食糧が保存されていた。空襲やミサイル攻撃の際に社員を避難させる待避所である。ドアと戸口の間は、ゴムで目張りがされ、外の空気を遮断できるようになっている。毒ガスや化学兵器による攻撃に対する備えである。また国民全員が、家にガスマスクを持つことを義務付けられている。

彼らが安全に執着する背景には、ナチスが数百万人のユダヤ人を虐殺するなど、ユダヤ人たちが過去二千年にわたって、迫害を受けてきたという歴史がある。

またドイツや日本では、国防や軍隊について否定的な考えの人が多いが、イスラエルでは全く逆であり、ほとんどの国民が兵役を当然の義務と考えている。それどころかある母親は「私は息子がいま軍隊にいることを誇りに思う」と言い切った。若い女性が、「軍での勤務はとても楽しかった」というのを聞いたこともある。ドイツにも兵役義務があるが、若者のほとんどは、軍隊生活が大嫌いである。二つの国の間にある教育の違いが、ここにはっきりと現れている。ナチスに散々な目にあわされ、今も回りを敵に囲まれているユダヤ人たちにとって、武器で国を守ることとは、呼吸をすることと同じくらい当たり前で、その安全への執着の前には、敵側に属する市民の人権など目に入らなくなってしまう。それがパレスチナ紛争の泥沼化につながっている。

英国などのユダヤ人家庭に生まれ、成人になってからイスラエルに貢献する理想に燃えて、この国へ移住してきた人も少なくない。彼らは、自分たちがテロの危険にさらされていることなど気にせず、この国こそ自分の骨を埋める場所とかたく信じている。祖国に対する愛情が希薄になっているドイツや日本から来ると、彼らのひたむきさには、驚かされることがある。

LAUNDRY
BOOK
LAUNDRY BAG

生活の中に息づく伝統——テルアビブ

私がテルアビブに滞在していた四月上旬のある日、ホテルの食堂に朝食をとりにいくと、前の日まであったクロワッサンやベーグルなどのパンが、忽然と姿を消していることに気づいた。置かれているのは、二十センチ四方の四角いクッキーのような「マッツァ」という固いパンだけである。酵母を入れてふくらませた普通のパンとは似ても似つかぬ代物だ。ホテルの従業員に「普通のパンはなぜないのですか」と尋ねると、「もうすぐペサー（過ぎ越しの祭）が始まるからです」という答えが返ってきた。

過ぎ越しの祭は、ユダヤ人の宗教的祭日の中でも最も重要な行事の一つである。約三千年前、ユダヤ人たちはエジプトで奴隷として苦役に就かされていた。彼らは、預言者モーゼと神の導きで、自由と約束の地へ向けてエジプトを脱出する時、あわただしく出発しなくてはならなかったため、普通のパンを焼く暇もなく、「急いで焼いた固パン（旧約聖書・出エジプト記）」だけしか持っていくことができなかった。この苦難の体験を思い起すために、イスラエル人たちは、今もペサーの間には、特別な固いパンを食べるのである。この期間にとる最初の夕食はセダーと呼ばれ、両親が子どもたちにユダヤ人のエジプト脱出の物語を語って聞かせる。つまりこの祭は、迫害を逃れ、独立を求めて戦ってきたユダヤ人にとって、きわめて重要な意味を持っているのである。実際、この祭は「来年こそはエルサレムに到着しよう」という象徴的な言葉でしめくくられる。

三千年前からの伝承に由来する慣習を、これほど固く守り続けている民族は、珍しい。それどころか、イスラエルでは原則として、ペサーの期間中に普通のパンを売ることは法律で禁止されている。検査官が商店を回って、普通のパンが売られていないか点検するほどだ。ユダヤ教信者ではない宿泊客が多い高級ホテルですら、いくら大金を積んでも、この期間には普通のパンを食べられない。ペサーの間には、普通のパンはホテルの厨房などに存在してはならないからである。高い金を払ってホテルに泊まっている外国人まで選択の余地を与えられず、慣習に従うことを強制されるというのは、世界の他の場所ではあまり経験したことがない。このように有無を言わせない厳格さ、一種の不寛容をイスラエルに行くと時折感じることがある。

また敬虔なユダヤ教信者は、イスラエルの安息日であるシャバト（土曜日）には、働いてはならないだけでなく、機械の操作、つまり自動車を運転したりテレビのスイッチを入れたりすることも戒律違反とみなす。熱心な信者の多い地区で車を走らせると、石を投げられることもある。私が泊まっていたホテルでは、土曜日になると、ボタンを押さなくても自動的にすべての階に停まって扉が開くエレベーターがあった。敬虔なユダヤ教徒が、安息日にボタンを押すという、戒律に違反する行為をしなくても、エレベーターを利用できるようにするためである。ホテル経営者のすぐれたアイデアである。

さらに、私が訪れたある会社では、部屋の戸口の脇に、聖なる言葉を納めた小さな箱が取りつけられており、人々が出入りする時に、この箱に触れて行く。外見上はアメリカやヨーロッパに似ている職場でも、ユダヤ教の伝統が息づいているのを感じた。

日本では、日常生活の中でこれほど宗教上の伝統を感じることはない。むしろ第二次世界大戦後は、古い価値をないがしろにして、アメリカ風の慣習を急速に取り入れることが、流行の先端を行く好ましい態度と見る人が多かったように思える。元日には、神社に初詣に行くこともあるし、気分によってなんとなくお寺へ行くこともある。このように靄《もや》に包まれた風景のような曖昧《あいまい》さ、原則のなさが戦後日本社会の特徴の一つであり、また良さでもあったのだが、バブル崩壊後のような危機の時代には、精神的な拠り所のなさもいささか感じる。

そうした国で育った私にとって、宗教上の伝統が暮らしの隅々にまで浸透し、生き続けているイスラエルは、逆に新鮮に思えた。地理的、文化的に離れているのに、イスラエル研究にのめりこむ日本人が時折いるが、あの国を訪れてから、その気持ちを理解できるようになった。

PESSAH
MATZAH

世界で一番古い港町――ヤッフォ

テルアビブの海岸沿いの道を、南へ向かって車で十五分ほど走る。時計のついた大きな塔の横を通り過ぎると、町の様子が一変する。道幅が狭く、回教寺院のミナレット（尖塔）が目立つ、中東風の町並みになる。それもそのはず、ここヤッフォは、イスラエルが建国されるまで住民のほとんどがアラブ系だった地区であり、テルアビブと統合された現在でも、三万五千人の住民のうち約六十％がアラブ系なのである。

車を降りて、ベージュ色の石畳を踏みしめながら、教会の塔を目印にして、旧市街の中心である、高台の広場へ歩く。この丘からは地中海とテルアビブの町を一望することができる。広場の片隅では、古代ギリシャ、ローマ、ビザンチン文化の遺構が発掘されている。広場から西側の坂道を降りて行くと、小さな港があり、漁船やヨットが停泊している。ミルクティーのような色をした建物の壁が、夕日を浴びてオレンジ色に染まる頃に、堤防から町を見上げる瞬間が最も美しい。

紀元前十八世紀に建設されたヤッフォの港は、現在も使われている港としては世界で最も古い物の一つで、古代エジプトやフェニキアの船乗りたちが、立ち寄ったと言われている。この港は旧約聖書にも登場する。預言者ヨナが、アッシリア帝国の首都ニネヴェへ向かえという神の命令に背いて、小アジアの別の町へ行く船に乗り込んだところ、神の怒りで嵐にあう。ヨナは船乗りたちに海中に投げ込まれた上、神がつかわした巨大な魚に呑み込まれて、その腹の中で三日三晩を過ごすという話があるが、ヨナがこのとき船に乗り込んだ港が、ヤッフォなのである（旧約聖書にはヨッパという名前で登場する）。

またエルサレムのソロモン神殿を建設する際に使われたレバノンの糸杉も、この港に船で運ばれたと言われる。

さらに、ギリシャ神話には、海神ポセイドンの怒りを鎮めるために、ケフェウス王が娘のアンドロメダを生贄としてヤッフォ沖の岩礁に鎖で縛りつけたというエピソードがある。神話によると、ゼウスの息子ペルセウスが、アンドロメダを救い出したとされるが、その岩礁は今もヤッフォ港の近くに残っている。このような聖書の叙述や神話を読むと、ヤッフォが古代の地中海世界で重要な港町だったことが、うかがわれる。

海路でパレスチナの地にやってくる者にとって、エルサレムへの玄関となったこの町は、四千年の歴史の中で、アレクサンダー大王、シリア軍、十字軍、ナポレオン、オスマン・トルコなど様々な勢力、権力者によって占領されてきた。つまり、ヤッフォは地中海の歴史の中で重要な交差点だったのである。

ヤッフォを訪れると、屋外の喫茶店などで閑古鳥が鳴いており、パレスチナ紛争の影響で観光客が減ったことが歴然としているが、変化を求めるテルアビブっ子には人気がある。

たとえばあるイスラエル人が夕食に招待してくれた時、この人は車をヤッフォに向けて走らせた。日もとっぷりと暮れて、ヤッフォのさびれた裏通りには人影もなく、ナイフを持った暴漢が飛び出してきてもおかしくない雰囲気である。ブロンクスの裏町のような、気味の悪い一角に車を停めた彼は、古い建物につかつかと歩み寄ると、ドアを開け放つ。そこが、テルアビブっ子に人気のあるワイン・バー「イエザー」*だった。百年以上前に建てられたアラブ風の建物は、分厚い石の壁を持ち、天井にアーチを多用した、エキゾチックなたたずまいである。天井のあちこちからは、ソーセージやハムがぶら下げられ、壁にはワインがたくさん並べられている。うずらの卵とイクラを混ぜた鮭のタルタル、子羊の肉などの多国籍料理が、ワインによく合う。ウエイターの若いイスラエル人は、アメリカなまりの強い英語を流暢に話し、常に微笑を絶やさない、完璧なサービス。夜十一時を過ぎてもレストランは満員で、議論好きのイスラエル人たちがワイングラスを片手に口角泡を飛ばしている。ドアの外の、ゴーストタウンのような風景とは別世界のようだ。

カジュアルでいながら、料理とワインは一流で、きわめて多国籍な雰囲気を味わうことができる。これがヤッフォの新しい顔である。

*イェザー（Yo'ezer Wine Bar）TEL03-68-39115

寄《よ》り道《みち》しなきゃわからないヨーロッパ

著　者………熊谷《くまがい》　徹《とおる》
発　行………2003年6月20日

発行者………佐藤隆信
発行所………株式会社新潮社
郵便番号162-8711 東京都新宿区矢来町71
電話　編集部(03)3266-5411
読者係(03)3266-5111
印刷所………株式会社光邦
製本所………株式会社植木製本所
乱丁・落丁本は、ご面倒ですが小社読者係宛お送り下さい。
送料小社負担にてお取り替えいたします。
価格はカバーに表示してあります。

ISBN4-10-417102-6　C0026

サンクトペテルブルグ
MOCKBA
BERLIN
TOKYO
ROMA
ラクフ
ダペスト
ラエボ
ゥブロフニク
アトス山
アテネ
クレタ島
テルアビブ
ヤッフォ

ズィルト島
ハンブルグ
ベルリン
ライプチヒ
ドレスデン
バーデン・バーデン
プラハ
ミュンヘン
リンツ
ロタッハ・エガン
ガルダ湖
ルブリャナ
ザグレブ
フェラーラ
リスボン
エルバ島
オルヴィエート
カプア
コルドバ
セビリア
カセルタ
グラナダ
ナポリ
オストゥーニ